Klaus Sczyrba

Wege zum guten Aufsatz

Übungsbuch für das 3. bis 5. Schuljahr

Alle Aufsatzarten und Aufgaben zu Wortwahl,

Satzbau und Grammatik

mit angegliederten Lösungsteilen

D1717433

C. Bange Verlag · Hollfeld

Illustrationen von
Klaus Schneider, Leipzig

ISBN 3-8044-0690-4

© 1993 by C. Bange Verlag, 96139 Hollfeld
Alle Rechte vorbehalten!
Gesamtherstellung: Beyer-Druck, Langgasse 23, Hollfeld

INHALT

Vorwort 7

Aufsatzarten 9

Nacherzählungen 9
Das Bäumlein, das andere Blätter hat gewollt (Rückert) . 9
Die drei Brüder (Gebrüder Grimm) 11
Der Rabe und der Fuchs (Luther) 13
Kater und Sperling (Dänhardt) 14
Die Mücke und der Löwe (Meissner) 15
Der Sperling und die Schulhofkinder (Krüß) 16
Der Fuchs und der Ziegenbock (Äsop) 18
Kannitverstan (Hebel) 19
Das Siebengebirge (Nacherzählung einer Sage) 22
Lösungsteil 23

Bildgeschichten zum Nacherzählen 27
Das Denkmal (Loriot) 27
Frau Saubermann 29
Stürmische Begrüßung (Kossatz) 30
Die Schaukel (Plauen) 31
Am Straßenrand (Kossatz) 35
Die vergessenen Rosinen (Plauen) 36
Lösungsteil 38

Erlebniserzählungen 44
Günters Erlebniserzählung 44
Ein Ferienerlebnis 46
Der aufgeregte Dackel 49
Blinddarmentzündung 50

Zu Karneval ins Krankenhaus 51
Der erste Schnee 53
Auf Klassenfahrt 54
Lösungsteil 57

Phantasiegeschichten 59
Der Hirsch mit dem Kirschbaum (Bürger) 60
Der gestohlene Heller (Gebrüder Grimm) 61
Weiterführen begonnener Geschichten 63
Aufsätze nach Leitwörtern 68
Messermax spinnt Seemannsgarn 70
Themen für Phantasiegeschichten 73
Lösungsteil 74

Beschreibungen 79
Mein Großvater 79
Die Kriminalpolizei bittet um Hinweise 80
Katze entlaufen 80
Liebe Oma! (Zimmerbeschreibung) 81
Das Teekesselchenspiel 82
Die vergessene Armbanduhr 83
Mein Heimatort 84
Mein Weg zur Schule 85
Der angelnde Zwerg 87
Lösungsteil 87

Die treffende Wortwahl 90

Wahl des treffenden Zeitwortes 91
Verschiedene Zeitwörter für *"sehen"* 91
Genaue Ausdrucksweise für *"laufen"* 92
Mutters Tätigkeiten 92
Zeitwörter für *"machen"* 93

Ausdruckswechsel für *"gehen"* 94
Ersetzen von *"müssen"* und *"sein"* 96
Zusammengesetzte Zeitwörter 98
Tätigkeiten von Wind und Sturm 99

Die Bedeutung der Eigenschaftswörter 100
Arnos Pullover 100
Suche nach den treffenden Eigenschaftswörtern 100
Die Stellung der Eigenschaftswörter 100
Texte zum Ordnen 101
Eigenschaftswörter bei Vergleichen 102
Einsetzen der Reimwörter 104
Treffendere Wörter für *"schön"* 106
Zusammengesetzte Eigenschaftswörter 106
Genaue Farbbezeichnungen 107
Auswechselübung 108

Die Namenwörter 108
Melanie im Zoo 109
Lustige Spiele mit Namenwörter (Namenwort-Olympiade,
Zusammensetzspiel, Bauspiel, Wortdomino) 110
Zusammengesetzte Namenwörter 111
Grund- und Bestimmungswörter 113

Fürwörter 115
Mutter hat viel Arbeit (Einsetzübung) 115
Fallsetzung der Fürwörter 116
Klarheit durch bezügliche Fürwörter 117

Wortfamilien 118

Lösungsteil 120

Der richtige Satzbau 132
Der einfache Satz und seine notwendigen
Erweiterungen Orts-, Zeit- und Artbestimmungen . . 132
Der 3. und 4. Fall bei Ortsbestimmungen 133
Tagesnamen und Tageszeiten bei Zeitbestimmungen . . 135
Artbestimmungen durch Eigenschaftswörter und
Wortgruppen 137

Satzergänzungen 138
Die Wem-Ergänzungen 138
Die Wen- oder Was-Ergänzungen 139

Beifügungen 141
Die verschiedenen Arten der Beifügungen 142
Überflüssige und sinnlose Beifügungen 143
Endungen im 3. und 4. Fall 145

Die Reihenfolge der Satzteile 146

Verbinden und Umstellen von Sätzen 147
Bindewörter 148
Tauschen von Haupt- und Gliedsatz 150

Die wörtliche Rede 150
Wörtlich und nicht wörtlich 152
Ausrufewörter wirken lebendig 152
Ein Telefongespräch 153
Die Bedeutung von Ruf- und Fragesätzen
in Erlebnisaufsätzen 155

Lösungsteil 156

Vorwort

Es ist erstaunlich, wie lebendig und zusammenhängend Kinder bereits im Vorschulalter erzählen können. Wenn sie von den Geschehnissen des Tages und später von Ihren Schulerlebnissen berichten, spürt man dabei ihre Freude, sich mitteilen zu können. Hoffentlich haben dann die Erwachsenen genügend Zeit und Geduld zuzuhören, denn sonst kann diese impulsive Gesprächsbereitschaft nachlassen oder sogar aufhören. Sie zu erhalten, ist aber für die Pflege des sprachlichen Ausdrucks und für die Hinführung zu den schriftlichen Stilformen wichtig und wertvoll. Kinder, die gut und fließend erzählen können, sind auch leichter bereit, sich schriftlich zu äußern.

Meist genügen kleine Anregungen dazu, Angehörigen und Freunden einen Brief oder Geburtstagseinladungen zu schreiben oder während des Ferienaufenthaltes ein Tagebuch zu führen, das nachher noch durch lustige Zeichnungen und Fotos verschönt werden kann.

Sicherlich wird bei vielen Kindern zunächst eine gewisse Hemmschwelle vorhanden sein, solche oder ähnliche Schreibanlässe aufzugreifen. Da ist es notwendig Mut zu machen, mit Hilfsbereitschaft und anerkennendem Lob diese ersten Schreibversuche oder Aufsätze zu einem gewissen Erfolg zu führen.

Dieses Buch will die Bemühungen der Lehrer und Eltern unterstützen und helfen, die bei vielen Kindern bestehenden Abneigungen gegen das Schreiben von Aufsätzen zu überwinden und den schriftlichen Ausdruck zu verbessern. Dazu werden für die in diesen Jahrgängen üblichen Aufsatzarten Schülerarbeiten und Übungsaufgaben mit angegliederten Lösungen geboten. Zur Förderung des Sprachgefühls und der Sprachrichtigkeit sind ausführliche Übungen zur treffenden Wortwahl und zum richtigen Satzbau angegliedert.

Da man zum Formulieren von Geschriebenem mehr Zeit als beim Sprechen hat und mehr überlegen kann, kommt es nur darauf an, aus der großen Fülle unseres deutschen Wortschatzes den treffendsten Ausdruck herauszusuchen, ihn mit anderen Wörtern zu sinnvollen Sätzen zusammenzustellen, um diese dann unter Beachtung der gegebenen Stilform zum Aufsatz zu verbinden. Man könnte diese Aufgabe als ein großes Puzzlespiel mit Worten ansehen. So betrachtet, müßte das Aufsatzschreiben Spaß machen, denn das Ergebnis dieser schriftlichen Arbeit ist ein anschauliches Bild aus Worten, das sich der Leser vom Aufsatz machen kann.

Natürlich gelingt das nicht auf Anhieb. Ein ausreichender Wortschatz, Ausdrucksfähigkeit und ein sicheres Sprachgefühl muß nach und nach erworben werden. Kinder, die anstelle eines übertriebenen Fernsehkonsums in ihrer Freizeit ansprechende Bücher oder Zeitschriften lesen, erweitern ihren Wortschatz und sind anderen in der schriftlichen Wiedergabe von Gedanken weit voraus.

Häufiges zielstrebiges Üben führt zur nötigen Sprachgewandtheit und Schreibsicherheit. Die so erlangte Ausdrucksfähigkeit ist eine wichtige Voraussetzung für den späteren privaten und beruflichen Schriftverkehr und gehört zur Lebenstüchtigkeit.

Klaus Sczyrba

AUFSATZARTEN

Nacherzählungen

In einer Nacherzählung soll eine gelesene oder erzählte Geschichte mit eigenen Worten möglichst genau wiedergegeben werden. Dabei dürfen auch wichtige Einzelheiten nicht vergessen werden.
Eine Nacherzählung schreibt man in der 1. Vergangenheit (Imperfekt oder Präteritum).
Hier folgen nun einige kurze Geschichten, die zum Nacherzählen gut geeignet sind.

Friedrich Rückert
Das Bäumlein, das andere Blätter hat gewollt

Ein Tannenbäumlein war mit seinen spitzen Nadeln unzufrieden und wünschte sich Blätter von lauterem Gold. Als es am nächsten Morgen erwachte, war sein Wunsch erfüllt. Aber seine Freude dauerte nicht lange. Da kam ein Mann, der riß ihm alle seine goldenen Blätter herunter und ließ es nackt und kahl stehen. Jetzt wünschte sich das Bäumlein Blätter aus hellem Glase. Auch dieser Wunsch ging am nächsten Morgen in Erfüllung. Aber da fuhr der Sturmwind durch den Wald, und bald lagen alle seine gläsernen Blätter zerbrochen am Boden. Da wünschte es sich grüne Blätter, wie sie die Laubbäume tragen. Am nächsten Morgen hatte es grüne Blätter, aber nicht lange. Denn es kam eine Geiß und fraß sie ab. Da wurde das Bäumchen traurig und sagte: „Wenn ich nur wieder meine Nadeln hätte, die waren doch die besten." Als es am nächsten Morgen erwachte, hatte

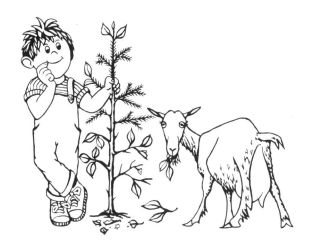

es alle seine Nadeln wieder und war glücklich und zufrieden.

Nachdem die Lehrerin in einem 3. Schuljahr diese Geschichte zweimal vorgelesen hatte, schrieben die Kinder die Nacherzählung auf.

Das ist Dieters Arbeit:
Das Bäumlein, das andere Blätter hat gewollt

Ein kleines Tannenbäumchen ist mit seinen Nadeln nicht mehr zufrieden. Deshalb wünscht es sich Blätter aus richtigem Gold. Als es am nächsten Morgen erwacht, freut es sich sehr, denn es hat nun Blätter ganz aus Gold. Doch da kommt bald ein Mann und reißt die goldenen Blätter ab und steckt sie in die Tasche. Da denkt das Bäumchen, wenn ich doch schöne grüne Blätter haben könnte wie die anderen Laubbäume. Am nächsten Morgen war auch dieser Wunsch in Erfüllung gegangen. An allen Zweigen hingen frische grüne Blätter. Aber da kam ein Geist und fraß die Blätter ab. Da weinte das Bäumchen und sagte: „Hätte ich doch meine Nadeln behalten, die waren am allerbesten." Als es am nächsten Morgen wach geworden ist, hat es wieder seine Nadeln wie vorher. Nun war es wieder ein richtiges Tannenbäumchen und war zufrieden wie am Anfang.

Aufgaben:
Beim Durchlesen der Nacherzählung werden dir einige Fehler auffallen, die Dieter bei seiner Arbeit unterlaufen sind. Hat er die Erzählzeit eingehalten? Ist die Nacherzählung vollständig? Außerdem ist anscheinend durch einen Hörfehler eine Verwechselung entstanden. Was sagst du zum Ausdruck am Anfang „ein kleines Tannenbäumchen"? Im Schlußsatz hast du sicherlich den inhaltlichen Fehler bemerkt!
(Siehe Seite 23!)

Gebrüder Grimm
Die drei Brüder

Es war ein Mann, der hatte drei Söhne und weiter nichts im Vermögen als das Haus, worin er wohnte. Nun hätte jeder nach seinem Tod das Haus gern gehabt; dem Vater war aber einer so lieb wie der andere. Da wußte er nicht, wie er's anfangen sollte, daß er keinem zu nahe träte. Verkaufen wollte er das Haus auch nicht, weil es von seinen Voreltern stammte. Sonst hätte er das Geld unter sie verteilen können. Da fiel ihm endlich ein Rat ein, und er sprach zu seinen Söhnen: „Geht in die Welt und lerne jeder ein Handwerk. Wer dann nach der Rückkehr das beste Meisterstück vorführt, der soll das Haus haben."
Damit waren die Söhne zufrieden. Der älteste wollte ein Hufschmied, der zweite ein Barbier, der dritte aber ein Fechtmeister werden. Darauf bestimmten sie eine Zeit, wo sie wieder zu Hause

zusammenkommen wollten, und zogen fort. Es traf sich auch, daß jeder einen tüchtigen Meister fand, wo er was Rechtschaffenes lernte. Der Schmied mußte des Königs Pferde beschlagen und dachte, nun kann dir's nicht fehlen, du kriegst das Haus. Der Barbier rasierte lauter vornehme Herren und meinte, daß das Haus sein werde. Der Fechtmeister bekam manchen Hieb, biß aber die Zähne zusammen und dachte bei sich: Fürchte dich nicht vor einem Hieb, sonst erhältst du das Haus nimmermehr. Als nun die gesetzte Zeit herum war, kamen sie bei ihrem Vater wieder zusammen. Sie wußten aber nicht, wie sie die beste Gelegenheit finden sollten, ihre Kunst zu zeigen. Wie sie so beisammensaßen und überlegten kam auf einmal ein Hase über das Feld dahergelaufen.

„Ei", sagte der Barbier, „der kommt wie gerufen", nahm Becken und Seife, schäumte so lange, bis der Hase in die Nähe kam. Dann seifte er ihn in vollem Laufe ein und rasierte ihm auch in vollem Laufe ein Stutzbärtchen. Dabei schnitt er ihn nicht und tat ihm an keinem Haare weh.

„Das gefällt mir", sagte der Vater, „wenn sich die anderen nicht gewaltig anstrengen, so ist das Haus dein."

Es dauerte nicht lange, so kam ein Herr in einem Wagen dahergerast. „Nun sollt ihr sehen, was ich kann", sprach der Hufschmied. Er sprang dem Wagen nach, riß dem Pferd die vier Hufeisen ab und schlug ihm auch im Dahinjagen vier neue wieder an. „Du bist ein ganzer Kerl", lobte der Vater, „du machst deine Sache so gut wie dein Bruder. Ich weiß nicht, wem ich das Haus geben soll."

Da sprach der dritte: „Vater, laß mich auch einmal gewähren". Weil es gerade anfing zu regnen, zog er seinen Degen und schwenkte ihn in Kreuzhieben über seinem Kopf, daß kein Tropfen auf ihn fiel. Als der Regen immer stärker wurde, schwang er den Degen immer schneller und blieb so trocken, als säße er unter Dach und Fach. Wie der Vater das sah, staunte er und sprach: „Du

hast das beste Meisterstück gemacht. Das Haus ist dein."
Die beiden anderen Brüder waren damit zufrieden, wie sie vorher gelobt hatten. Aber weil sie einander so lieb hatten, blieben sie alle drei zusammen und trieben ihr Handwerk. Da sie so gut gelernt hatten und geschickt waren, verdienten sie viel Geld. So lebten sie vergnügt bis in ihr Alter zusammen. Als einer von ihnen krank wurde und starb, grämten sich die beiden anderen so sehr darüber, daß sie auch krank wurden und bald starben. Da wurden sie, weil sie sich im Leben so gut vertragen hatten, alle drei zusammen in ein Grab gelegt.

Aufgaben:
Schreibe zu jedem Abschnitt einen Satz, der dir nachher bei deiner Nacherzählung als Leitfaden dienen kann!
(Siehe Seite 24!)

Die folgenden drei Fabeln sollen dir als Vorlage zum Nacherzählen dienen.

Martin Luther
Der Rabe und der Fuchs

Ein Rabe hatte einen Käse gestohlen und setzte sich auf einen hohen Baum und wollte ihn verzehren. Da er aber seiner Art nach nicht schweigen kann, wenn er frißt, hörte ihn ein Fuchs über dem Käse krächzen, lief herbei und sprach: „O Rab', nun hab ich mein Lebtag keinen schöneren Vogel gesehen von Federn und Gestalt, als du bist. Und wenn du auch eine so schöne Stimme hättest zu singen, so wollte man dich zum König krönen über alle Vögel."
Den Raben kitzelte solch ein Lob und Schmeicheln. Er fing an, seinen schönen Gesang hören zu lassen. Aber als er den Schna-

bel auftat, entfiel ihm der Käse. Den nahm der Fuchs schnell, fraß ihn und lachte über den törichten Raben.

Oskar Dänhardt
Kater und Sperling

Ein Sperling flog auf den Bauernhof. Da kam der Kater, erwischte den Sperling, trug ihn fort und wollte ihn verspeisen. Der Sperling aber sagte: „Kein Herr hält sein Frühstück, wenn er sich nicht vorher den Mund gewaschen hat." Der Kater nahm sich das zu Herzen, setzte den Sperling auf die Erde und fing an, sich mit der Pfote den Mund zu waschen. Da flog ihm der Sperling davon. Das ärgerte den Kater, und er sagte: „Solange ich lebe, werde ich immer zuerst mein Frühstück halten und dann den Mund waschen!" Und so machten es alle Katzen bis auf den heutigen Tag.

August Gottlieb Meissner
Die Mücke und der Löwe

Eine Mücke forderte einst einen Löwen zum Zweikampf heraus.
Mit Hohngelächter nahm ihn der Löwe an. Da flog die Mücke in
seine Nasenlöcher und zerstach sie ihm derart, daß er endlich
von Schmerzen gepeinigt gestehen mußte, er sei überwunden.
„Was bin ich doch für ein mächtiges Geschöpf", rief die Mücke
und flog stolz davon, um allen Tieren ihren Sieg zu verkünden.
Dabei übersah sie in der Eile das Netz der Spinne, wurde darin
verstrickt und mußte einen elenden Tod erleiden.

Übe dich einmal im Nacherzählen dieser kurzen Geschichten!
Lies zunächst eine davon durch, schließe das Buch und beginne
einige Zeit danach mit dem Schreiben!
Anschließend vergleiche deinen Aufsatz mit dem Text des Dichters!

James Krüß
Der Sperling und die Schulhofkinder

Ein Sperling, der von ungefähr
zu einem Schulhof kam,
erstaunte über das, was er
auf diesem Hof vernahm.

Ein Mädchen sprach zu Meiers Franz:
„Du alter Esel du!"
Da sprach der Franz: „Du dumme Gans
bist eine blöde Kuh!"

Der Walter sprach zum dicken Klaus:
„Mach Platz, du fetter Ochs!"

Da rief der Klaus: „Du fade Laus,
paß auf, daß ich nicht box!"

Zum Peter sprach Beate nun:
„Du Affe, geh hier weg!"
Da rief der Peter: „Dummes Huhn,
ich weiche nicht vom Fleck!"

Der Sperling meint, er hört nicht recht.
Es tönte allenthalb:
„Du Schaf! Du Floh! Du blöder Hecht!
Du Hund! Du Schwein! Du Kalb!"

Der kleine Sperling staunte sehr.
„Es schien mir so,
als ob ich auf dem Schulhof wär;
doch bin ich wohl im Zoo!"

Aufgabe:
Sicherlich hörst du manchmal auf deinem Schulhof während der
Pausen, wie die Kinder sich zanken und sich mit ähnlichen Tiernamen beschimpfen. Versuche, den Inhalt dieses lustigen Ge-
dichtes in wenigen Sätzen zusammenzufassen! Dabei brauchst
du weder die Namen der erwähnten Kinder noch ihre Ausdrücke
aufzuschreiben. Bedenke, daß die wichtigsten Teile des Gedich-
tes die erste und die letzte Strophe sind! Vergleiche anschließend deinen Text mit dem Beispiel auf Seite 24!
Vielleicht findest du auch eine kurze Einleitung.

(Äsop)
Der Fuchs und der Ziegenbock

Ein Fuchs fiel in einen tiefen Brunnen und konnte sich nicht
heraushelfen. Da kam ein durstiger Ziegenbock zum Brunnen,
und als er den Fuchs sah, fragte er ihn: „Ist das Wasser gut?" Der
Fuchs verschwieg, daß er in die Tiefe hinabgestürzt war, und
antwortete: „Das Wasser ist klar und schmeckt gut. Komm nur
auch herab!" Das tat der Bock.
Als er seinen Durst gelöscht hatte, fragte er: „Wie können wir
aber wieder herauskommen?" Der Fuchs entgegnete: „Dafür
will ich schon sorgen. Du stellst dich auf deine Hinterbeine ...

Diese Geschichte ist Teil einer Fabel. Fabeln sind kurze, belehrende
Erzählungen, in der menschliche Eigenschaften durch das Verhalten
von Tieren dargestellt werden, wie hier von Fuchs und Ziegenbock.

Aufgaben:

Du kannst dir sicherlich das Ende der Geschichte vorstellen.
Schreibe es auf, und vergleiche es anschließend mit dem Fabel-
text des Dichters Äsop!

Welche Eigenschaften verkörpern in dieser Fabel die beiden
Tiere? Ist der Fuchs schlau, klug oder listig?

Kannst du diese Fabel in kurzer Form zusammenfassen, indem
du dich auf die Hauptsachen beschränkst?
(Lösungen auf Seite 24)

Versuche einmal, eine Fernsehsendung von Pippi Langstrumpf
oder einen anderen Film, der dir gefallen hat, so aufzuschreiben,
daß du in kurzer Form jemandem davon erzählen kannst.

Nach Joh. Peter Hebel
Kannitverstan

Auf der Wanderschaft kam ein deutscher Handwerksbursche von Tuttlingen auch nach Amsterdam. Als er sich in dieser großen und reichen Handelsstadt voll prächtiger Häuser, wogender Schiffe und geschäftiger Menschen umsah, fiel ihm ein ganz besonders großes und schönes Haus auf, wie er es auf seiner langen Wanderschaft noch keines gesehen hatte. Lange stand er davor und bewunderte dieses kostbare Gebäude, die sechs Kamine auf dem Dach, die verzierten Gesimse und die hohen Fenster, die größer waren als die Tür in seinem Elternhaus. Es drängte ihn, einen Vorübergehenden zu fragen: „Könnt ihr mir nicht sagen, wie der Herr heißt, dem dieses wunderschöne Haus gehört mit all den prächtigen Blumen an den vielen Fenstern?" Der Angeredete, der in Eile war, verstand aber kein Deutsch, daher sagte er kurz und barsch: „Kannitverstan!" und lief ohne anzuhalten weiter. Obwohl das auf deutsch heißt: „Ich kann Euch nicht verstehen", glaubte der Wanderbursche es sei der Name des Besitzers. „Das muß ein besonders reicher Mensch sein", dachte er und setzte seinen Besichtigungsgang durch die Weltstadt fort, bis er an den großen Hafen kam.
Da staunte er über die Vielzahl der Schiffe mit den hohen Mastbäumen, die aus allen Teilen der Erde hier angelegt hatten. Ein besonders stolzes und mächtiges Schiff erregte aber seine besondere Aufmerksamkeit. Es war vor kurzem aus Ostindien gekommen und wurde gerade entladen. Schon standen Kisten und Ballen stapelweise vor den Lagerhallen, und noch immer mehr Warenladungen wurden aus dem Schiffsrumpf geborgen. Da reizte es ihn wieder einen Arbeiter anzusprechen, der gerade eine Kiste auf seiner Schulter heraustrug. „Wie heißt dieser glückliche Mann, dem all diese Waren und das große Handelsschiff gehören?" fragte der Deutsche. „Kannitverstan!" war die

Antwort. „Aha", dachte er, kein Wunder! Wer solche Reichtümer aus allen Teilen der Erde über das weite Meer erhält, der kann sich auch ein so prunkvolles Haus leisten.Was gibt es doch für reiche Menschen, und wie armselig und bescheiden muß ich leben." Mit solch bedrückenden Gedanken wandte er sich um und wollte wieder zur Stadtmitte zurück.

„Wenn ich es doch nur einmal so gut hätte, wie dieser Herr Kannitverstan es sein ganzes Leben lang hat!" sprach der Handwerksgeselle leise vor sich hin, als er einen langen Leichenzug um die Ecke biegen sah. Vier schwarze Pferde zogen den mit schwarzen Tüchern behängten Leichenwagen, dem eine fast endlose Reihe von Freunden und Bekannten des Toten folgte. In der Ferne hörte man das Totenglöcklein. Da wurde der fremde Wandersmann wehmütig und er dachte, daß der Verstorbene ein angesehener Mensch gewesen sein mußte, wenn ihm so viele das letzte Geleit gaben. Er nahm den Hut ab und blieb ehrfürchtig stehen, bis der Trauerzug vorüber war. „Das war sicherlich ein guter Freund von Euch, den Ihr so betrübt zum Grabe begleitet", sprach er einen am Ende des Zuges an. „Kannitverstan", antwortete der Angesprochene.

Da wurde es dem Tuttlinger auf einmal ganz seltsam ums Herz. „Armer Kannitverstan!" rief er aus. „Was hast Du nun von all dem Reichtum. Dir bleibt nichts als ein Totenhemd und ein Leintuch, was ich auch einmal bekommen werde." Mit diesen Gedanken begleitete er die Leiche bis zum Grab, sah den angeblichen Herrn Kannitverstan in seine letzte Ruhestätte hinabsinken und war von der holländischen Leichenpredigt ganz gerührt, obwohl er kein Wort davon verstand.

Danach ging er in eine Herberge, wo man Deutsch verstand, und verzehrte mit gutem Appetit ein Stück Limburger Käse. Wenn es ihm aber wieder einmal schwerfallen wollte, da so viele Leute so reich seien und er so arm, dachte er nur an den Herrn Kannitverstan in Amsterdam, an sein wunderbares Haus, an sein reiches

Schiff und an sein enges Grab.

Und das war Ingos Nacherzählung im 5. Schuljahr:

Kannitverstan

Es war einmal ein Handwerksbursche, der sich Amsterdam ansehen wollte. Zuerst blieb er vor einem Haus stehen, das ihm gut gefiel. Als er fragte, wem das Haus gehört, sagte der andere: „Kannitverstan!" und ging weiter. Der Handwerker aus Deutschland dachte, das ist der Name, dem das Haus gehört. Dabei heißt das, ich kann nicht verstehen. Dann ging der Wanderbursche zum Hafen. Da sah er viele Schiffe. Das größte Schiff wurde gerade ausgeladen. Da wollte er gern wissen, wem das große Schiff gehört. Deshalb fragte er einen Matrosen nach dem Namen des Besitzers. Der Matrose sagte: „Kannitverstan" und arbeitete weiter. Da staunte der Wanderbursche und dachte: „Das muß aber ein reicher Mann sein, der Herr Kannitverstan. Schade, daß ich nicht so reich bin!" Traurig ging der Wanderbursche weiter. Da sah er in einer Straße einen Leichenwagen mit vier Pferden davor und ganz vielen Menschen dahinter. So einen langen Trauerzug hatte er noch nie gesehen. „Wer ist denn da gestorben?" fragte er einen Mann. Der antwortete: „Kannitverstan." Da wurde der Wanderbursche traurig und dachte: „Nun ist der Kannitverstan schon gestorben und kann nichts von seinem Besitz mitnehmen." Da nahm der Wanderbursche seine Mütze vom Kopf und ging mit bis zum Grab. Dort hörte er sich die Predigt an, die er aber nicht verstand, weil der Geistliche ein Holländer war. Trotzdem war er davon gerührt, denn er sah, wie schnell Menschen sterben können und der Reichtum nichts nützt.

Jetzt war der Wanderbursche gar nicht mehr traurig, daß er so arm war, sondern freute sich, daß er gesund war. Inzwischen hatte er Hunger bekommen und aß in einem Gasthaus einen ganzen Limburger Käse. Aber er dachte noch oft an den reichen Kannitverstan von Amsterdam.

Aufgabe:
Wie beurteilst du Ingos Nacherzählung? Was gefällt dir und was nicht? Ist dir aufgefallen, daß einige Wörter dicht hintereinander wiederholt wurden? Welche? Kannst du Abhilfe schaffen? (Lösungen Seite 25!)

Versuche einmal, diese tiefsinnige Geschichte von Johann Peter Hebel selbst nachzuerzählen. Lies den Text ein- oder zweimal ruhig durch und schreibe ihn nach etwa einer Stunde unabhängig vom Buch auf!

Volksgut
Das Siebengebirge

Wo nun die Berge Drachenfels und Petersberg aufragen, war einst das Rheintal abgeschlossen. Oberhalb von Königswinter breitete sich ein großer See aus. Die Bewohner der Eifel und des Westerwaldes beschlossen nun, den See abfließen zu lassen. Dazu mußte das Gebirge durchstochen werden, das dem Rhein den Weg versperrte. Da die Menschen es selbst nicht konnten, wandten sie sich an die Riesen und versprachen ihnen einen großen Lohn. Wirklich kamen die Riesen, um sich diesen Lohn zu verdienen. Jeder nahm einen gewaltigen Spaten auf die Schulter, und bald waren sie emsig bei der Arbeit. In wenigen Tagen hatten sie denn auch eine tiefe Scharte ins Gebirge gegraben. Das Wasser drang nach, bis die Lücke so groß war, daß der See abfloß. Die

Leute freuten sich über die dadurch erreichten Vorteile, dankten den Riesen und schleppten den versprochenen Lohn herbei.
Die Riesen teilten sich den Erwerb redlich, jeder schob seinen Anteil in seinen Reisesack, und dann brachen sie auf. Vorher klopften sie noch die Erde und Felsbrocken ab, die an ihren Spaten klebten. Davon entstanden die sieben Berge, die noch bis auf den heutigen Tag am Rhein zu sehen sind.

Aufgaben:
Erzähle diese Sage vom Siebengebirge nach oder schreibe eine deiner Heimatsagen auf! Unterteile sie wie hier in sinnvolle Abschnitte, damit dein Text übersichtlicher wird!
Diese Geschichte vom Siebengebirge wird nicht als Märchen, sondern als Sage bezeichnet. Kennst du den Unterschied?
(Lösungen siehe Seite 26!)

Lösungsteil

Das Bäumlein, das andere Blätter hat gewollt

Dieter hat in der Gegenwart (Präsens) geschrieben, obwohl das, wovon er erzählt, bereits längst vergangen ist.
Die Nacherzählung ist nicht vollständig. Das Bäumchen wünschte sich Blätter aus Glas, nachdem ihm die goldenen alle gestohlen worden waren.
Die Blätter wurden von einer Geiß (Ziege) abgefressen, nicht von einem Geist. Geister brauchen ja keine Nahrung zu sich zu nehmen. Daran hätte Dieter denken können.
Doppelte Verkleinerungsformen sollte man vermeiden! (Also: „ein Bäumchen" oder „ein kleiner Baum").
Der Schlußsatz ist inhaltlich falsch. Das Bäumchen war mit

seinem Nadelkleid gar nicht zufrieden, sonst hätte es sich doch nicht Blätter gewünscht.

Die drei Brüder

Abschnittsüberschriften als Beispiele:
Der Vater dreier Söhne will sein Haus dem vererben, der nach der Lehrzeit der Tüchtigste ist.
Alle drei Söhne erlernen ein Handwerk.
Der Hufschmied zeigt sein handwerkliches Geschick.
Der Älteste führt seine Kunst als Barbier vor.
Der Fechtmeister erhält nach seiner Vorführung das Haus.
Die drei Söhne verstehen sich so gut und bleiben für immer zusammen.

Der Sperling und die Schulhofkinder

Ein Sperling hatte Hunger und wußte, daß auf Schulhöfen genug Brotkrumen nach den Pausen übrigblieben, um satt zu werden. So flog er zur Schulhofsmauer und wartete auf das Pausenende. Aber noch lärmten die Kinder auf dem Hof. Viele von ihnen stritten miteinander und schimpften sich aus. Da hörte der kleine Spatz lauter Tiernamen, so daß er sich wunderte und glaubte, er wäre hier in einem Zoo.

Der Fuchs und der Ziegenbock

Weiterführung der Fabel nach Äsop:
„Du stellst dich auf deine Hinterbeine, stemmst die Vorderbeine gegen die Wand und streckst deinen Hals aus. Dann werde ich

über deinen Rücken und deine Hörner hinaufklettern und dir auch heraushelfen." Der Ziegenbock tat, was der Fuchs geraten hatte, und sogleich sprang dieser über ihn hinweg und mit einem kräftigen Satz auf den Brunnenrand. Dort tanzte er voll Freude über seine Befreiung und verhöhnte den Bock. Dieser schalt ihn vertragsbrüchig. Der Fuchs aber sagte: „Wenn du in deinem Kopf so viele Gedanken hättest wie Haare in deinem Bart, so wärst du nicht da hinuntergestiegen, ohne zu bedenken, wie du wieder herauskommst!"

Die Eigenschaft der beiden Tiere: Die Ziege ist dumm, unüberlegt und vertrauensselig. Der Fuchs ist gerissen, schlau und listig. Er kennt die Eigenschaften der Ziege und nutzt sie zu seinem Vorteil aus.

Kurzfassung: Ein Fuchs war in einen Brunnen gefallen und konnte nicht mehr heraus. Da überredete er einen durstigen Ziegenbock auch in den Brunnen zu springen. Als der Bock genug getrunken hatte, versprach ihm der Fuchs, ihm herauszuhelfen. Dazu sollte sich der Ziegenbock im Brunnenschacht aufrichten, damit der Fuchs über ihn nach oben klettern konnte, um ihn nachher herauszuziehen. Der Bock tat es so, der Fuchs sprang ins Freie, aber er half dem Bock nicht, sondern er lachte ihn nur aus.

Kannitverstan

Ingos Nacherzählung ist inhaltlich richtig. Von der Handlung ist nichts weggelassen und nichts hinzugefügt worden. Gut ist es, daß Ingo die Gedanken des Wanderburschen ausführlich wiedergegeben hat. Aber alles das, was gedacht wird, muß wie bei der wörtlichen Rede in Anführungszeichen gesetzt werden. (Da staunte der Wanderbursche und dachte: „Das muß aber ein reicher Mann sein. Schade, daß ich nicht so reich bin!")

Sind dir die folgenden Ausdrucksmängel aufgefallen?
Der Beginn der Nacherzählung "Es war einmal ..." ist bei Märchen üblich. Besser: Vor Jahren kam ein deutscher Handwerksbursche nach Amsterdam.
Falscher Bezug: Er dachte, das ist der Name, dem das Haus gehört.
Richtig: Er dachte, das ist der Name des Besitzers.
Durch treffende Eigenschaftswörter wäre die Nacherzählung vorstellbarer geworden (ein prächtiges Haus mit verzierten Gesimsen und hohen Fenstern - ein riesiger Hafen - gewaltige Schiffe mit hochragenden Mastbäumen - einen prunkvollen Leichenwagen mit vier schwarzen Pferden ...)
Einige Namen- und Zeitwörter wurden unnötig wiederholt.

6 x Wanderbursche	Ausdruckswechsel: Handwerksbursche, der Deutsche, der Wanderer, der junge Handwerker, der Fremde, er
3 x Schiff	Ausdruckswechsel durch Fürwort - das größte davon
2 x Matrose dicht hintereinander	Ausdruckswechsel durch Fürwort
5 x ging	Ausdruckswechsel: wanderte, schritt, lief, spazierte

Du siehst, es gibt viele Möglichkeiten, den Ausdruck zu wechseln. Deshalb ist es wichtig, nach Beendigung einer Nacherzählung sie aufmerksam durchzulesen, um Wiederholungen durch andere oft treffendere Ausdrücke zu ersetzen.

Das Siebengebirge

Der Unterschied zwischen Märchen und Sage: Bei der Sage ist immer ein erdkundlicher oder geschichtlicher Hintergrund vorhanden. (Hier in dieser Sage das Rheintal mit Drachenfels und Petersberg.)

Bildgeschichten zum Nacherzählen

Bildfolgen sind gezeichnete oder gemalte Geschichten. Auf den folgenden Seiten findest du einige lustige Reihen von Zeichnungen, die dir sicherlich viel Spaß bereiten und dich reizen, sie recht lustig und lebendig nachzuerzählen. Da dir die Bilder gegenwärtig sind, kannst du in der Gegenwart (Präteritum) schreiben.
Die erste Bildfolge ist "Loriots Kleiner Ratgeber" vom Diogenes Verlag entnommen.

Aufgaben:

Sieh dir die Bilderfolge gut an, und schreibe, was hier im einzelnen zu sehen ist! Als Hilfsmittel kannst du dabei folgende Stichwörter verwenden: Denkmal - berühmter Mann - fertiger Sockel - Arbeiter - Denkmalsfigur in drei Teilen - Transport - zerbrochenes Mittelstück - Aufbau - erledigter Auftrag

Suche zu dieser Bildgeschichte eine passende Überschrift!

Was geschieht zwischen dem zweiten und dem dritten Bild? Versuche das Gespräch der Arbeiter wiederzugeben, nachdem der eine Mann gestürzt ist und das Bruststück der Figur zu Bruch gegangen ist!

(Siehe Lösungsbeispiel Seite 38!)

Aufgaben:

Schau dir auch das folgende Bild an und erzähle, was hier vorgeht! Beachte dabei besonders das enttäuschte, erstaunte Gesicht der Frau und die große weiße Fläche auf dem Fliesenboden!

Suche dazu eine passende Überschrift!

(Siehe das Beispiel auf Seite 38!)

Die folgenden lustigen Zeichnungen von Hans Kossatz sind, wie du sicherlich schon festgestellt hast, durcheinander geraten. Kossatz hat diese Bildreihe „Stürmische Begrüßung" benannt.

Aufgaben:
Versuche diese vier Zeichnungen zu ordnen und schreibe dazu eine Bildgeschichte! Du kannst dabei den Onkel Willi, den Dackel Waldi und die Frau Tante Ella nennen, damit zu allgemeine Bezeichnungen (ein Mann, ein Hund, ...) vermieden werden können. Du sollst dabei keine Bildbeschreibung anfertigen, sondern dich auf den Handlungsablauf beschränken. Vergleiche anschließend deine Geschichte mit dem Beispiel auf Seite 39!

Aufgaben:
Welche der folgenden Überschriften hältst du für die Bildgeschichte für passend? Kreuze diese an und streiche die anderen
durch!

○ Ein lustiger Vormittag
○ Zu toll geschaukelt
○ Die angeblichen Kopfschmerzen
○ Keine Lust zur Schule zu gehen
○ Der gute Tee
○ Strafe muß sein
○ Krank oder gesund?
○ Auch der beste Vater kann böse werden
○ Schuleschwänzen gibt es nicht!
○ Der ideenreiche Vater

(Lösungen siehe Seite 40!)

Beispiel einer Nacherzählung:

Es ist höchste Zeit, zur Schule zu gehen. Im Nachthemd kommt der Vater mit dem Schultornister ans Bett seines Sohnes. Aber der Junge will nicht aufstehen, weil er sich angeblich krank fühlt und über Kopfschmerzen klagt. Der treusorgende Vater hat ihm sofort, nachdem er sich angekleidet hat, eine Tasse Tee gebracht und ihm einen Umschlag um den Kopf gebunden. Doch der Vater hat eine tolle Idee, seinem Sohn den Aufenthalt im Bett besonders angenehm zu machen. Mit einem starken Seil will er das Bettgestell an einem großen Haken, der über dem Krankenlager in die Zimmerdecke geschraubt ist, so befestigen, daß er dicht über dem Fußboden schweben kann. Nun setzt sich der Mann vor das Bett, liest und schaukelt dabei den Kranken. Doch Vater will noch neuen Tee einkaufen und mahnt den Jungen, gut zugedeckt zu bleiben. Aber da der Junge in Wirklichkeit gar nicht krank ist, beginnt er aufrecht stehend wild mit seinem Bett zu schaukeln. Doch er hat nicht damit gerechnet, daß der Vater so schnell mit dem Tee zurückkommen würde. Schwer enttäuscht und böse schickt Vater den Faulpelz zur Schule.

(Daniel. R, 3. Schuljahr!)

Beim Vergleichen, der Nacherzählung mit der Bildserie wirst du sicherlich feststellen, daß der Text mit den sechs Zeichnungen übereinstimmt. Der Leser kann sich eine Vorstellung von der Bilderfolge machen, auch wenn er sie nicht kennt oder sehen kann. Die Nacherzählung wurde in der Gegenwart geschrieben, dadurch werden die Vorgänge zeitlich nahe gebracht. Der Satzbau ist klar und übersichtlich.
Obwohl diese lustige Bildfolge richtig wiedergegeben wurde, bist du sicherlich nicht davon sehr begeistert.
Dieser Geschichte fehlt die nötige Lebendigkeit, die beim Verwenden der wörtlichen Rede entstanden wäre. Versuche die Nacherzählung durch möglichst viele Sprechsätze in Rede und Gegenrede von Vater und Sohn lebendiger zu gestalten! Vermeide aber dabei eine zu häufige Wiederholung des Zeitwortes (Verbs) "sagen" durch Gebrauch sinnverwandter Wörter, die du aus dem folgenden Wortfeld auswählen kannst!

Wortfeld „sagen"
(alphabetisch geordnet): antworten, äußern, babbeln, behaupten, beichten, bemerken, berichten, beschwören, beteuern, betteln, bitten, brüllen, danken, einwenden, entgegnen, erkundigen, erklären, erwähnen, erwidern, erzählen, flüstern, fragen, gratulieren, jammern, jauchzen, jubeln, klagen, knurren, lallen, leugnen, lispeln, loben, lügen, mahnen, maulen, meckern, murmeln, murren, nennen, plaudern, prahlen, reden, rufen, rügen, sagen, schimpfen, schluchzen, schelten, schreien, schwatzen, sprechen, stammeln, stottern, tadeln, vorschlagen, vortragen, wimmern, winseln, zetern.

Überlege, welche Zeitwörter am besten in deine Nacherzählung passen! Ein Beispiel für eine recht lebendig gestaltete Nacherzählung findest du zum nachträglichen Vergleichen auf Seite 40.

In den folgenden Sätzen sind die Ausdrücke des Sagens in die falschen Sätze geraten. Tausche diese Wörter aus, damit sinnvolle Sätze entstehen!

„Hast du schon die Hausarbeiten fertig?", schrie Udo.
„Peter, wir fahren morgen nach Oberstdorf!", wimmerte Georg.
„Ich habe gesehen, daß die Frau um 8 Uhr aus dem Haus gegangen ist", fragte die Zeugin.
„Nein, du brauchst mich nicht abzuholen", berichtete der Junge.
„Hilfe, es brennt!", entgegnete der Mann aus Leibeskräften.
„Pips, mein Wellensittich, ist tot", schimpfte Elfi.
„Du hast wieder nicht aufgepaßt!", schluchzte der Lehrer.
„Oh, mein Kopf!", jubelte das verletzte Kind.

Beachte bei dieser Aufgabe auch die Zeichensetzung der wörtlichen Rede: Der Sprechsatz steht immer innerhalb der Anführungszeichen. Vor dem nachfolgenden Satz wird ein Komma gesetzt!

Die Zeitwörter brüllen, beteuern, sich erkundigen, erwidern, jammern, rufen, tadeln, winseln passen ebenfalls in die Sätze.
Du kannst sie in Klammern einfügen!
(Lösungen siehe Seite 41!)

Aufgaben:

Schaue dir auch diese sechs Zeichnungen von Hans Kossatz gut an und suche eine passende Überschrift!
Führe die begonnene Geschichte recht lebendig weiter, als ob du sie jemandem erzählen wolltest!

Herr Müller steht an einer unübersichtlichen Kurve am Straßenrand und ruft Waldi, seinen Dackel, von der gegenüberliegenden
Straßenseite zu sich herüber: „Komm schnell zum Herrchen
Waldi!" Waldi ist ein folgsamer Hund und gehorcht sofort. Eben
will er über die Straße flitzen, ...

Vergleiche anschließend deine Geschichte mit dem Beispiel auf
Seite 41.

Die folgenden beiden Bildgeschichten sind dem Buch „Vater und Sohn" von e.o. plauen entnommen.

Die vergessenen Rosinen

Das ist die Bildgeschichte von Ulli G. (Klasse 4)

Ein dicker Mann mit Glatze und einem Schnauzer hat einen Kuchen gebacken. Er holt ihn eben aus dem Ofen. Sein Sohn steht daneben und freut sich schon. Doch dann sehen sie unter dem Tisch die Schachtel mit Rosinen stehen. Die hat der Vater ganz vergessen. Doch die sollen noch in den Kuchen hinein. Der Vater hat sich mit der Rosinenschachtel vor den Herd gesetzt und überlegt. Doch er weiß keinen Rat. Doch der Junge hat einen Gedanken. Er steigt auf das Bett und holt von der Wand das Gewehr. Damit soll der Vater die Rosinen in den Kuchen schießen. Beide liegen auf dem Bauch. Der Vater schießt, und sein Sohn paßt auf. Nun bekommen sie doch noch Rosinenkuchen.

Aufgaben:

Wie findest du Ullis Aufsatz? Hat er alle 5 Bilder richtig gedeutet? Was sagst du zum Satzbau?

Ändere die Satzanfänge, so daß sich das Wort "doch" nicht so oft wiederholt!

Suche zu jedem Bild einen Satz, der das Wesentliche enthält!

Schreibe einen eigenen Aufsatz und erzähle die Geschichte von den vergessenen Rosinen lebendiger, indem du wiedergibst, was Vater und Sohn miteinander sprechen! Du kannst auch ihre Gedanken äußern.
(Lösungen siehe Seite 42!)

Lösungsteil

Die erste Bildfolge

Das Denkmal
(Loriot)

In einer Stadt soll zu Ehren eines berühmten Mannes ein Denkmal errichtet werden. Der Sockel ist bereits fertiggestellt. Auf ihm ist auch schon der Name der bekannten Persönlichkeit eingemeißelt. Nur fehlt bisher die Denkmalsfigur. Nun aber soll das Denkmal vollendet werden. Drei Männer haben den Auftrag, die Figur aufzubauen. Da sie aber sehr schwer ist, hat man sie für den Transport in drei Teile zerlegt. Der erste der Arbeiter trägt den Kopf, der zweite den Körper und der dritte die Beine. kurz vor dem Ziel stürzt einer der Männer, der den schwersten Körperteil zu schleppen hatte. Dabei zerbricht der Rumpf in viele kleine Stücke. Nach dieser Panne überlegen sie, was sie jetzt tun sollen. „Sollen wir zurückgehen, und das dem Chef melden?", fragt der eine. „Was meinst du, was wir da zu hören kriegen! Wir haben ja noch zwei ganze Teile, die setzen wir auf den Sockel. Der Bauch ist nicht so wichtig!", entgegnet der erste. „Ja, du hast recht. Der Kopf ist die Hauptsache. Komm, wir stellen die Figur auf, und dann machen wir Feierabend!" sagt der eine. Auch ohne das zerbrochene Mittelstück wollen sie ihren Arbeitsauftrag ausführen. Gemeinsam befestigen sie die Beine auf dem Denkmalssockel, heben den Kopf darüber und verlassen ihre Arbeitsstelle.

(Ulli M., 5. Schuljahr)

Einzelbild

Eine ältere, sehr dicke Frau bemüht sich, den Fußboden zu

reinigen, der aus schwarzen und weißen Fliesen besteht. Ein Eimer mit Wasser steht vor ihr. Sie kniet auf dem Boden. In den Händen hält sie einen Schwamm und eine Flasche mit einem Putzmittel, das sie sich extra für diese Arbeit besorgt hat. Doch die Frau ist entsetzt, denn das Mittel ist so scharf, daß die schwarzen Fliesen ihre Farbe verloren haben.

Beispiele für die Überschrift: Das zu scharfe Putzmittel - Große Enttäuschung - Der weißgeputzte Fleck - Ein Schandfleck durchs Putzen

Stürmische Begrüßung

Richtige Reihenfolge der Zeichnungen: 4, 2, 1, 3
Stürmische Begrüßung (Beispiel)

Onkel Willi sitzt in einer Gaststätte und löffelt gerade seine Suppe. Damit er ungestört seine Mahlzeit einnehmen kann, hat er Waldi, seinen Dackel, an der Stuhllehne festgebunden. Gelangweilt schaut der Hund zur Tür. Doch dem Onkel ist die Suppe nicht genug gesalzen. Um den Salzstreuer vom gegenüberliegenden Tischende zu greifen, muß er sich von seinem Platz erheben. In diesem Augenblick sieht Waldi Tante Ella und die beiden Kinder in den Speiseraum kommen. Voll Freude spitzt er die Ohren, wackelt mit dem Schwanz und rennt ihnen entgegen. Dabei hat der Hund den Stuhl ein Stück mitgezogen und umgestürzt. Als der dicke Mann sich wieder hinsetzen will, um die Suppe weiterzuessen, purzelt er rücklings zu Boden, und der Salzstreuer fliegt in hohem Bogen über ihn hinweg. Während Waldi die Tante stürmisch begrüßt, schauen sie und das Mädchen erschrocken auf den Onkel. „Hoffentlich hat er sich nicht wehgetan", denken sie. Nur der Junge lacht über den Vorfall.

(Monika E., Klasse 5a)

In diesem Beispiel wurde besonders auf Ausdruckswechsel (möglichst keine Wortwiederholungen) geachtet.

Vater und Sohn

Folgende Überschriften sind ungeeignet, da sie nicht das Wesentliche beinhalten: Ein lustiger Vormittag - Der gute Tee - Strafe muß sein - Der ideenreiche Vater
Der Zeichner e.o.plauen hat diese Reihe "Krank oder gesund?" benannt.

Nacherzählung der Bildgeschichten (Beispiele)

Eilends kommt der Vater im Nachthemd ins Schlafzimmer seines Sohnes. „Fränzchen, schnell aufstehen!" ruft er, „Fast hätte ich mich verschlafen. Es ist höchste Zeit zur Schule!" Doch der Junge hält die Hand an den Kopf. „Vati", jammerte er, „mir ist so schlecht. Ich glaube, ich habe Fieber. Ich kann unmöglich zur Schule gehen." Schnell hat sich der Vater angezogen, seinem Sohn einen kühlen Verband um den Kopf gebunden und ihm heißen Tee gebracht. Nun steht er wieder bei seinem Jungen mit einem Seil in der Hand und sagt: „Wenn du die Tasse austrinkst und brav zugedeckt bleibst, will ich dir eine Freude machen. Ich werde dein Bettgestell oben an dem Haken befestigen, da kann ich dich etwas schaukeln." Der Vater hat sich ans Krankenlager gesetzt, liest ein Buch und läßt mit der linken Hand das Bett sacht hinundherschwingen. „Vater ist prima! Der hat immer tolle Ideen", denkt Franz. Doch bald steht der Vater auf, denn er will einkaufen und neuen Tee besorgen, und mahnt: „Bleib brav liegen und schlafe ein bißchen bis ich zurückkomme." Darauf hat der Junge schon lange gewartet. Da er gar nicht krank ist, mag er nicht mehr ruhig liegenbleiben und springt auf. Im Bett aufrecht stehend, schwingt er wie auf einer Luftschaukel der Kirmes hin und her. „Das ist Spitze!" jubelt er. Vor lauter Begeisterung hat er aber nicht gehört, daß der Vater zurückgekommen ist. Der macht große Augen, als er seinen Sohn so herumtoben sieht. Jetzt merkt er, daß Franz gar nicht krank ist, sondern nur die Schule schwänzen wollte. „Bist du verrückt geworden!" Jetzt hilft kein Verstellen und kein Bitten mehr. Franz hat sich rasch angezogen und seine Schulsachen genommen. Der Vater schickt ihn sofort zur Schule und schimpft: „So ein Theater machst du mir nicht noch einmal, du Faulpelz!"

Übung (Wortfeld "sagen"):
„Hast du schon die Hausarbeiten fertig?", fragte (erkundigte sich) Udo.
„Peter, wir fahren morgen nach Oberstdorf!", jubelte (rief) Georg.
„Ich habe gesehen, daß die Frau um 8 Uhr aus dem Haus gegangen ist", berichtete (beteuerte) die Zeugin.
„Nein, du brauchst mich nicht abzuholen", entgegnete (erwiderte) der Junge.
„Hilfe, es brennt", schrie (brüllte) der Mann aus Leibeskräften.
„Pips, mein Wellensittich, ist tot", schluchzte (jammerte) Elfi.
„Du hast wieder nicht aufgepaßt!", schimpfte (tadelte) der Lehrer.
„Oh, mein Kopf!", wimmerte (winselte) das verletzte Kind.

Ein Hin und Her

(Überschrift die Kossatz seiner Reihe gegeben hat)
Andere mögliche Überschriften: Die gefährliche Kurve - Vorsicht, Autos! - Der folgsame Dackel - Wieder getrennt - Kein Fußgängerüberweg

... sieht Herr Müller mit Entsetzen, daß in diesem Augenblick ein Auto in der Kurve hinter dem Haus angerast kommt. „Zurück, Waldi!", schreit er und zeigt auf die andere Straßenseite hinüber. Waldi gehorcht sofort. Mit hängenden Ohren schaut der Dackel betrübt zu seinem Herrchen. Nachdem die Gefahr vorüber ist, ruft er erneut: „Jetzt komm, Waldi!"
Der folgsame Hund hört wieder sofort auf den Befehl seines Herrn. Der ist darüber so erfreut, daß er dem Dackel mit ausgestreckten Armen bis zur Straßenmitte entgegeneilt, wo sich Waldi hingesetzt hat.
Doch schon wieder wird ein Auto hinter dem Haus in der Kurve sichtbar, das mit hoher Geschwindigkeit auf sie zufährt. Erschreckt flüchtet jeder auf eine andere Straßenseite.
Das Fahrzeug ist längst vorbei, und die Straße ist frei. Sichtlich betrübt sitzen Herr Müller und Waldi am Straßenrand, jeder auf einer anderen Seite und schauen sich ratlos an.

Die vergessenen Rosinen

a) Willi hat mit manchmal zu kurzen Sätzen die Bildergeschichte wiedergegeben. Ihm ist aber beim ersten Bild ein Fehler unterlaufen. Hier wird die Form mit dem Kuchenteig erst in den Ofen hineingeschoben, denn bei der übernächsten Zeichnung sieht man, wie der Vater vor dem Ofen sitzt und wartet, bis der Kuchen fertig gebacken ist.

b) Außerdem hat Willi zu häufig Sätze mit "doch" beginnen lassen. Die geänderten Satzanfänge als Beispiele: Aber dann sehen sie unter dem Tische die Schachtel mit den Rosinen stehen. - Auf jeden Fall sollen die noch in den Kuchen. - Leider weiß er keinen Rat. - Nur der Junge hat einen Gedanken.

c) 1. Der Kuchen wird mit der Form in den Backofen geschoben

2. Die vergessenen Rosinen werden entdeckt.
3. Wie könnten die Rosinen jetzt noch in den Kuchen?
4. Der Sohn holt das Gewehr von der Wand.
5. Vater schießt die Rosinen in den Kuchen.

d) Vater hat mit aufgekrempelten Ärmeln einen Kuchen vorberei- tet und schiebt ihn jetzt in den Backofen. Neben ihm steht sein Sohn und sagt schmunzelnd: „Ich freue mich schon auf den leckeren Rosinenkuchen." Kurz danach entdeckt der Junge, unter dem Tisch die noch ungeöffnete Rosinen- schachtel. „Vater", ruft er, „hast du denn die Rosinen verges- sen? Ohne Rosinen schmeckt der Kuchen aber nicht so gut!" Der Vater nimmt den Karton mit den Rosinen und setzt sich vor den Ofen. „Was sollen wir jetzt machen?" denkt er. „Ha, ich hab eine feine Idee!", denkt der Sohn und verläßt die Küche. Als Wandschmuck hängt in Vaters Schlafzimmer über dem Bett ein Gewehr. Kurz entschlossen steigt der Junge auf das Bettgestell und holt das Gewehr von der Wand. „Damit kann der Vater die Rosinen in den Kuchen schießen".
Der Junge eilt mit dem Gewehr zum Vater und sagt vertrau- ensvoll: „Vater, du kannst doch alles! Schieße doch die Rosi- nen in den Kuchen!" - „Na, ich will es versuchen", entgegnet der Vater, „ich war ja immer ein guter Schütze." Bald danach kann der Napfkuchen aus dem Ofen genommen und auf einer Glasplatte auf den Fußboden gestellt werden. Vor dem noch warmen Kuchen liegen beide auf der Erde. Neben ihnen steht die große Rosinenschachtel. Während der Sohn gespannt aufpaßt, schießt Vater tatsächlich Rosinen in den Kuchen.

Erlebniserzählungen

In einer Erlebniserzählung sollst du über eins von deinen persön-
lichen Erlebnissen so anschaulich und lebendig schreiben, daß
der Leser oder Hörer dieses Geschehen miterleben kann.
Bemühe dich daher, um eine möglichst spannende Ausdrucks-
weise. Schon die Überschrift soll Spannung wecken!
Verwende die wörtliche Rede, denn sie bringt Leben in deinen
Aufsatz!
Wähle treffende Zeitwörter (Verben) und genaue Bezeichnun-
gen!
Schreibe in der 1. Vergangenheit (Imperfekt oder Präteritum),
denn deine Begebenheit ist ja bereits vergangen.
Zu deiner Erlebniserzählung gehört eine kurze Einleitung, die
zum Thema hinführt, und füge auch einen Schluß an, der die
Arbeit abrundet!

Günters Erlebniserzählung

Die Kinder eines 4. Schuljahres sollten zu Hause über eines ihrer
Erlebnisse schreiben. Da Günter nicht wußte, worüber er schreiben sollte, fragte er seinen Vater. „Erzähle doch die Geschichte
von gestern mit der Lampe, und zeige mir nachher, was du
geschrieben hast!" meinte der Vater.

Das war Günters Entwurf:
Gestern saß ich mit meinem Vater bei der Fußballübertragung
vor dem Fernseher. Wir sind beide richtige Fußballfans. Bei
jedem Spiel unsrer Mannschaft sind wir auf dem Sportplatz und
sehen uns auch die Spiele im Fernsehen an. Diesmal übertrug
das Fernsehen ein ganz wichtiges Spiel. In der Vorrunde zur

Fußballweltmeisterschaft spielten unsre gegen Irland. Aber es stand lange 0:0. Als unsre Mannschaft endlich ein Tor schoß, sprang ich vor Freude auf. Dabei habe ich an die Lampe gestoßen und eine Glasschale ging dabei kaputt. Da hat mein Vater mit mir die Schale wieder zusammengeklebt, und die Lampe war wieder ganz.

Doch Günters Vater war mit diesem Aufsatz nicht zufrieden und gab seinem Sohn eine Menge Hinweise und Hilfen zu einer Neufassung. Das ist sie:

Gestern verfolgten Vater und ich gespannt das Fußballspiel unsrer Nationalmannschaft gegen Irland. Wir wußten, daß unsere Mannschaft unbedingt gewinnen mußte, wenn sie bei den Endkämpfen um die Weltmeisterschaft teilnehmen wollte. Noch immer war kein Tor gefallen. „Die spielen heute aber schlecht", sagte ich enttäuscht. Bei jedem Vorstoß der Iren klopfte mein Herz spürbar. Je länger das Spiel dauerte, desto unruhiger wurde ich. Da bekam Völler den Ball und schoß. „Tor!" schrieen wir. Ich sprang auf, warf die Arme jubelnd hoch, und da machte es klirr. Glasscherben lagen auf dem Teppich. Vor lauter Freude hatte ich eine Schale des über mir hängenden Kronleuchters heruntergestoßen. Ich war blaß vor Schreck. Vorbei war meine Begeisterung. Vater hielt die noch pendelnde Lampe an. „Was machen wir nun? Können wir die noch zusammenkleben?" fragte ich besorgt. „Wir wollen es mal versuchen," meinte Vater. Vorsichtig nahmen wir die drei Bruchstücke auf, bestrichen die Ränder mit Klebstoff. „Da fehlt aber noch ein kleines Stück", sagte Vater. „Ich hab es schon!" rief ich nach kurzem Suchen. Tatsächlich paßte es in die Lücke.

Bald danach war die Reparatur beendet und die Schadstelle kaum noch zu erkennen. Erleichtert atmeten wir auf. Die Lampe war wieder heil, und Deutschland hatte gewonnen. „Nicht schlimm, wenn wir nicht alles vom Spiel sehen konnten", meinte Vater. „Die Hauptsache, unsere Mannschaft kommt weiter."

Aufgaben:

Was meinst du, was hat der Vater alles bei Günters Entwurf zu beanstanden gehabt?

Welche der folgenden Überschriften hältst du für geeignet? Sie soll nicht zu allgemein sein, soll aber bereits Interesse und Spannung wecken.

Beim Länderspiel
Die Lampenreparatur
Vor dem Fernsehgerät
Arme Lampe!
Bleich vor Schreck

Vater und ich
Fußballbegeisterung mit Folgen
Tor!
Doch noch gewonnen!
Das Länderspiel und der
Kronleuchter
(Siehe Seite 57!)

Beispiele für Erlebniserzählungen

Es folgen nun einige Themen mit jeweils einem Aufsatz, die dir Anregung und Beispiel für eigene schriftliche Arbeiten sein sollen. Für deinen Aufsatz kannst du auch eine eigene Überschrift zum Rahmenthema wählen.

Ein Ferienerlebnis

Meine erste Fahrt mit der Seilbahn
Mit meinen Eltern war ich während der Sommerferien schon einige Tage in Oberstdorf. Auf den heutigen Tag hatte ich mich schon besonders gefreut, denn wir wollten mit der Seilbahn zum

Nebelhorn fahren. Obwohl die Sonne vom wolkenlosen Himmel strahlte, zogen wir uns warm an, denn Vati sagte: „Da oben ist es lausig kalt." Gleich nach dem Frühstück zogen wir los, richtig zünftig mit festen Bergschuhen und Rucksäcken. In der Talstation der Seilbahn warteten schon viele Leute auf die nächste Bergfahrt, die für 9 Uhr vorgesehen war. „Hoffentlich kommen wir noch mit", dachte ich. Kurz danach setzte sich die Menschenschlange in Bewegung. Auch wir kamen noch durch die Sperre und stiegen in die blau-weiße Kabine ein. Ich hatte sogar noch einen Platz am Fenster bekommen und schaute erwartungsvoll und gespannt nach draußen. Die Tür wurde zugeschoben. Plötzlich setzte ein leises Summen ein, und die Seilbahn schwebte nach oben. Ich hatte ein merkwürdiges Gefühl in der Magengegend. Immer kleiner erschienen die Gebäude im Tal und der Ausblick wurde immer weitreichender. „Sieh mal! Da hinten kannst du unser Haus sehen", sagte Vati und zeigte zur Stillach hinunter. „Ja, tatsächlich!" rief ich froh. Soeben huschte die abwärtsschwebende Gondel vorbei. Bei der raschen Überwindung des Höhenunterschiedes knisterte es in meinen Ohren, und bei jedem Stützpfeiler gab es einen Ruck. „Wie, sind wir schon da?" fragte ich verwundert, als die Gondel langsam anhielt. „Hier müssen wir umsteigen. Das ist erst die Mittelstation", erklärte Vati. Auf der anderen Seite der Sperre wartete schon die nächste Seilbahn, die sich auch gleich mit uns in Bewegung zur Gipfelstation setzte. Weit über das Tal bis auf die gegenüberliegenden Berge konnte ich jetzt sehen. Plötzlich rief jemand: „Da sind Gemsen!" An der kahlen Felswand entdeckte ich zwei. Es waren die ersten Gemsen meines Lebens. „Sicherlich werde ich heute noch mehr sehen", dachte ich. Kurz danach glitt die Gondel langsam in die Bergstation. Ich war begeistert, denn ich hatte einen wundervollen Blick auf die vielen Berge, zwischen denen sich weißer Nebel entlangzog und die Täler überdeckte. Nun begann auf steinigem Pfad der Aufstieg zum Gipfelkreuz.

„Jetzt kannst du mal zeigen, ob du ein guter Bergsteiger bist",
sagte Vater.

(Peter G., 5. Schuljahr)

Dieser Aufsatz wurde mit „sehr gut" bewertet. Kannst du Gründe
dafür nennen?

(Siehe Seite 57!)

Zum Thema „Ein Erlebnis mit Tieren"

Der aufgeregte Dackel

An einem sonnigen Spätherbsttag schlenderte ich mit Strolch, unserm Dackel, durch den Stadtpark. Plötzlich zog mich der Hund, den ich innerhalb der Parkanlagen ordnungsgemäß angeleint hatte, zu einem hohen Blätterhaufen. Strolch zerrte an der Leine, knurrte und kläffte aufgeregt. „Was hat er denn mit seiner Spürnase gewittert?" fragte ich mich. Da hörte ich deutlich ein Rascheln unter dem zusammengefegten Laub. „Was mag das sein? Da hat sich doch bestimmt ein Tier versteckt", dachte ich. Strolch wurde immer angriffslustiger. Nur mit Mühe konnte ich ihn vom Laubhaufen zurückziehen. Ich war aber selbst neugierig geworden. Daher schob ich behutsam einige der welken Blätter zur Seite. Da entdeckte ich einen Igel, der sich hier offenbar ein

Winterquartier suchen wollte. Ich hatte ihn in seinem Unterschlupf gestört. Schnell zog er den Kopf ein und rollte sich zu
einer Stachelkugel zusammen. Ungeachtet der spitzen Stacheln
wollte sich Strolch wie ein Wilder auf den Igel stürzen. Er hätte
sich dabei bestimmt eine blutige Schnauze geholt, wenn ich ihn
nicht mit aller Kraft zurückgehalten hätte. „Du bist doch ein
dummer Hund!" sagte ich und zog ihn gewaltsam weiter. Aber
das dauerte lange, bis sich der Dackel allmählich beruhigt hatte.

Wie gefällt dir diese Erlebniserzählung mit dem Dackel Strolch?

Sie enthält einige besonders gute Ausdrucksweisen, die du im
Text unterstreichen sollst.   (Siehe Seite 57!)

Sicherlich hast du auch nette Erlebnisse mit Tieren gehabt, die
du gern einmal aufschreibst.

Zum Thema „Als ich einmal krank war"

Blinddarmentzündung

Seit einigen Tagen hatte ich starke Bauchschmerzen. Daher
ging Mutter mit mir zum Arzt. Der Arzt stellte eine Blinddarm-
zündung bei mir fest. Zu Hause packte meine Mutter einige
Sachen für mich in eine Tasche und fuhr mit mir zum Krankenhaus. Im Krankenhaus wurde ich noch einmal untersucht. Morgen sollte ich operiert werden. Ich hatte ordentliche Angst davor.
„Du brauchst keine Angst zu haben", sagte der Doktor. „Du
bekommst eine Narkose, und dann merkst du nichts von der
Operation." Schon sehr früh wurde ich in den Operationssaal
gefahren. Dann merkte ich nichts mehr. Nach der Operation

wachte ich in meinem Krankenzimmer auf. Im Krankenzimmer wartete schon meine Mutter. Mutter sagte: „Jetzt wirst du bald wieder gesund, und dann bist du bald wieder zu Hause." Jeden Tag besuchten mich meine Eltern, bis sie nach einer Woche mit mir wieder nach Hause fahren konnten.

(Ulf M., 4. Schuljahr)

Zu Karneval ins Krankenhaus

Es war Karneval. Von der Straße aus drang der Trubel in mein Zimmer. Über der Stuhllehne hing mein buntes Cowboykostüm, und daneben lag der breitkrempige Hut auf dem Tisch. Aber ich beachtete die Sachen kaum, denn ich hatte einen heißen Kopf und Leibschmerzen. Meine Mutter machte ein besorgtes Gesicht und sagte: „Joachim, du willst doch wohl heute nicht krank werden", und half mir ins Bett. Inzwischen rief Vater unseren alten Hausarzt an, der bald darauf in mein Zimmer trat. „Na, Joachim, was machst du denn für Sachen? Der Schlafanzug ist doch kein Karnevalskostüm", meinte er schmunzelnd. Nach kurzer Untersuchung sagte er: „Klarer Fall! Blinddarmentzündung! Am besten noch heute ins Krankenhaus, sonst platzt der Blinddarm, und dann wird es gefährlich." Das hatte mir gerade noch gefehlt! Der Arzt rief selbst den Krankenwagen an und wünschte mir gute Besserung. „In wenigen Tagen bist du wieder froh und gesund zu Hause", sprach der Doktor und verabschiedete sich. Trotz dieser trostvollen Worte hatte ich doch ziemliche Angst und mußte mich zusammenreißen, um nicht zu weinen. Meine Mutter hatte unterdessen die nötigen Sachen eingepackt, die ich für den Krankenhausaufenthalt brauchte. Kurz danach schellte es. Mein Herz klopfte vor lauter Aufregung. Zwei weißgekleidete Männer brachten eine Tragbahre ins Zimmer, schoben mich darauf und trugen mich zum Krankenwagen die Treppe hinunter. Ich dachte längst nicht mehr an Karneval, nur noch mit bangem Gefühl an die bevorstehende Operation. Meine Eltern begleiteten mich bis ins Krankenhaus. „Mach dir keine Sorgen! Es wird schon alles gut gehen. Wenn du aus der Narkose aufwachst, sind wir wieder bei dir", sagten sie zum Abschied und verließen winkend das Krankenzimmer.

(Joachim S., 4. Schuljahr)

Aufgaben:

Innerhalb des Rahmenthemas „Als ich einmal krank war" schrieben zwei Schüler über ihre Blinddarmentzündung. Obwohl der Sachverhalt der gleiche ist, sind die Aufsätze sehr unterschiedlich ausgefallen.

Welche Arbeit gefällt dir besser? Kannst du dein Urteil begründen?
Beim Durchlesen der Aufsätze wirst du in einem der beiden einige unnötige Wortwiederholungen feststellen, die recht störend wirken. Behebe die Mängel! Du kannst die sich wiederholenden Hauptwörter durch Fürwörter ersetzen.
Welche Zensur würdest du Joachim für seinen Aufsatz geben?
Warum schreibt Joachim gar nichts von seinem Aufenthalt im Krankenhaus?
Ist das in diesem Fall richtig?
Wo endet die Einleitung, und wo beginnt der Schluß? Mache an diesen Stellen einen senkrechten Strich!
(Siehe Seite 58!)

Zum Thema „Der erste Schnee"

Glück gehabt!

Die Weihnachtsferien waren längst vorüber, und noch immer warteten wir auf den ersten Schnee. Mein Rodelschlitten stand bisher ungenutzt im Keller. Meine Mutter meinte: „Es ist zu kalt zum Schneien. Da muß es erst etwas milder werden." Doch mitten in der Deutschstunde stupste mich Udo sacht an und zeigte nach draußen. Da tanzten tatsächlich einige Schneeflokken durch die Luft. „Es schneit!" riefen wir begeistert. Immer mehr große Flocken wirbelten an den Fenstern vorbei. Jetzt konnte Frau Küpper nicht mehr unterrichten. Wir jubelten und schauten nach draußen. Das Flockentreiben wurde immer dichter, so daß sich bald eine geschlossene Schneedecke gebildet hatte. Am Unterrichtsschluß stürmten wir nach draußen. Plötzlich rieb mir jemand von hinten eine Handvoll Schnee ins Gesicht, daß ich nach Luft schnappen mußte. Das war mein Freund Udo, der feige auf die andere Straßenseite flüchtete und dort mit höhnischem Lachen stehenblieb. Ich war wütend und wollte mich rächen. Schnell ballte ich den nassen Schnee fest zusammen, um Udo mit einem gezielten Wurf das Grinsen zu vertreiben. „Wirf doch!" rief er herausfordernd und stellte sich mitten vor das Schaufenster des Bäckerladens gegenüber unserer Schule. Mit aller Kraft warf ich den harten Schneeball, der haarscharf an Udos Kopf vorbeisauste und an die Scheibe prallte. Peng, machte es. Aber ich hatte Glück, denn es gab keine Scherben. Mir war der Schrecken in alle Glieder gefahren, und ich rannte schnell durch den matschigen Schnee nach Hause.

(Daniel K., 5. Schuljahr)

Aufgabe:

Unterstreiche die in diesem Aufsatz besonders gut wiedergegebenen Stellen!

(Siehe Seite 58!)

Rahmenthema „Auf Klassenfahrt"

Anfang Juni war unsere Klasse für einige Tage in der Jugendherberge in Garmisch. Da das Wetter günstig war, konnten wir viele
schöne Wanderungen unternehmen. Einmal packten wir unsere
Badesachen ein und fuhren mit einem Bus zum Eibsee. Obwohl
die Sonne schon recht warm schien, mußten wir enttäuscht
feststellen, daß das Wasser zum Baden noch viel zu kalt war.
Unser Lehrer erlaubte auch nicht, daß wir unsere Badesachen
anzogen. „Das ist aber schade!" riefen wir. So wanderten wir um
den ganzen See herum und lagerten nachher an einer günstigen
Stelle am Ufer. Von hier aus hatten wir einen guten Blick auf die
Zugspitze und konnten die Seilbahnen beobachten, die hinauf-
und herabschwebten. Dabei konnten wir unsere Butterbrote
essen oder herumtollen. „Tobi, komm, wir lassen einmal Stein-
chen springen." sagte ich zu meinem Freund. Wir beide suchten
möglichst platte Steine und warfen sie flach über den Wasser-
spiegel. Dabei zählten wir, wie oft sie auf dem See aufschlugen,
um dann wieder hochzuhüpfen. „Meiner ist viermal aufgetippt!"
rief ich begeistert. „Hast du gesehen? Meiner sogar sechsmal!"
jubelte Tobi. Bald kamen noch andere Klassenkameraden hinzu,
und es begann ein richtiger Wettbewerb. Ingo hatte einen Stein
sogar achtmal auf dem Wasser auftippen lassen. „Ihr könnt das
ja alle nicht richtig!" rief Herbert Krings. Mit einem Stein in der
Hand sprang er auf einen spitzen Felsen, der etwas vom Ufer
entfernt aus dem Wasser ragte. Von hier aus wollte er seinen

Rekordwurf vorführen. „Jetzt paßt mal auf, wie man das macht!"
rief er und holte kräftig zum Wurf aus. Aber beim Schwungholen
hatte er das Gleichgewicht verloren und platschte kopfüber ins
Wasser. Pudelnaß mit triefenden Sachen watete er ans Ufer. Wir
alle lachten schallend. Da war natürlich auch ein bißchen Scha-
denfreude dabei, weil Herbert so mächtig angegeben hatte. Gut,
daß wir Badesachen dabei hatten. So konnte sich Herbert um-
ziehen und sich gründlich abtrocknen. Von uns bekam er noch
einige Kleidungsstücke, damit er sich nicht erkälten sollte. Den
Felsen, auf dem Herbert gestanden hatte, tauften wir Krings-Felsen. Aber über diese Begebenheit lachten wir noch lange.

(Martin W., 5. Schuljahr)

Aufgaben:

Wo endet in diesem Aufsatz die Einleitung, und wo beginnt der
Schluß? Mache an diesen Stellen einen senkrechten Strich!
Bei dieser Arbeit fehlt noch die eigene Überschrift. Welche von

den hier angegebenen hältst du für geeignet, weil sie treffend auf die Geschichte hinweist und Spannung auslöst? Streiche ungeeignete Überschriften durch!

Fahrt zum Eibsee
Der Krings-Felsen
Zu kalt zum Schwimmen
Selten so gelacht
Das verlorene Gleichgewicht

Springende Steine
Patsch!
Unser Garmischaufenthalt
Der nasse Herbert

(Siehe Seite 59!)

Suche dir von folgenden Rahmenthemen zwei oder drei aus, von denen du über ein persönliches Erlebnis schreiben kannst! Gib deinen Aufsätzen auch eine passende Überschrift!

Silvester
Pech gehabt!
Ein kleines Abenteuer
Im Schwimmbad
Auf dem Kirmesplatz
Eine tolle Überraschung
Hitzefrei!
Weihnachtsvorbereitung

Ein Wintervergnügen
Wir spielen Theater
Der Zirkus ist da
Ein Zoobesuch
Angst gehabt
Stau auf der Autobahn
Wandertag

Lösungsteil

Günters Aufsatz

Vaters Kritik: Der Aufsatz ist zu kurz und wirkt zu nüchtern. Durch die wörtliche Rede (Ausrufe, Gedanken, Wiedergabe der Empfindungen von Freude und Schrecken) wird die Geschichte lebendig. Schlechter Ausdruck: eine Glasschale ging kaputt (besser: zerbrach)
„Fußballbegeisterung mit Folgen" und „Das Länderspiel und der Kronleuchter" wecken am meisten Interesse und Spannung. Sie sind die besten Überschriften.
„Beim Länderspiel - Die Lampenreparatur - Vor dem Fernsehgerät - Vater und ich" sind als Überschriften ungeeignet, da sie zu allgemein sind und langweilig wirken.

Meine erste Fahrt mit der Seilbahn

Gründe für die gute Bewertung: Der häufige Gebrauch der wörtlichen Rede und die Schilderung der eigenen Gedanken und Empfindungen lassen den Aufsatz sehr lebendig erscheinen. Die Wortwahl ist ebenfalls beachtlich. Nur die Einleitung hätte etwas kürzer sein können.

Der aufgeregte Dackel

Mit kurzer Einleitung und kurzem Schluß wurde diese Begebenheit sehr spannend erzählt.
Besonders gute Ausdrucksweisen: ... schlenderte ich mit Strolch, ordnungsgemäß angeleint - Strolch zerrte an der Leine,

knurrte und kläffte aufgeregt. - mit seiner Spürnase gewittert - schob ich behutsam einige der welken Blätter - in seinem Unterschlupf gestört - wie ein Wilder - zog ihn gewaltsam weiter.
Die Zeit- und Eigenschaftswörter sind besonders gut gewählt.

Blinddarmentzündung - Zu Karneval ins Krankenhaus

Der Aufsatz „Blinddarmentzündung" ist sehr nüchtern. Ulf reiht in meist knappen Sätzen lediglich nur die Vorgänge von den aufgetretenen Bauchschmerzen bis zur Krankenhausentlassung aneinander. Nur ein einziges Mal schreibt er über seine Empfindungen (Ich hatte ordentliche Angst.). Besonders störend wirken die dicht aufeinander folgenden Wortwiederholungen (Arzt, im Krankenhaus, Mutter, bald wieder - Ersatzwörter: er, dort, sie).

Ganz anders ist der Aufsatz von Joachim. Dieser Aufsatz war mit „sehr gut" bewertet worden. Joachim schreibt nicht nur über die Vorgänge sehr ausführlich sondern auch über seine Empfindungen, so daß der Leser an der Lage des Jungen Anteil nimmt. Auch die Sätze mit der wörtlichen Rede wirken belebend. Die Ausdrucksweise ist klar, die Sätze sind nicht zu lang und nicht zu kurz. Joachim hat sich streng an die Überschrift gehalten. Weil sie „Zu Karneval ins Krankenhaus" lautet, muß der Aufsatz mit der Einlieferung enden.
Die Einleitung reicht bis ... der breitkrempige Hut auf dem Tisch.
Der Schluß beginnt bei: Mach dir keine Sorgen.

Glück gehabt

Diese Erlebniserzählung wirkt durch die gut gewählten Zeit- und Eigenschaftswörter. Besonders gelungene Stellen sind: ... stup-

ste mich Udo sacht an - Da tanzten tatsächlich einige Schnee-
flocken durch die Luft. - ... große Flocken wirbelten ... - Das
Flockentreiben wurde immer dichter. - ... der feige auf die andere
Straßenseite flüchtete und dort mit höhnischem Lachen stehenblieb. - Schnell ballte ich ... - ... mit einem gezielten Wurf das Grinsen vertreiben - ... rief er herausfordernd ... - ... haarscharf an Udos
Kopf vorbeisauste ... - der Schrecken in alle Glieder gefahren.

Auf Klassenfahrt

Ende der Einleitung: ... und fuhren mit einem Bus zum Eibsee.
Schluß: Aber über diese Begebenheit lachten wir noch lange.
Geeignete Überschriften: Der Krings-Felsen - Springende Steine
- Patsch! - Der nasse Herbert
Besonders ungeeignet sind die Überschriften „Fahrt zum Eibsee
- Zu kalt zum Schwimmen - Unser Garmischaufenthalt", da sie
zu allgemein gehalten sind.

Phantasiegeschichten

Für Phantasiegeschichten gelten die gleichen Regeln wie beim
Schreiben von Erlebniserzählungen: Schreibe möglichst spannend, achte auf eine treffende Ausdrucksweise und verwende
die wörtliche Rede. Eine kurze Einleitung und ein Schlußgedanke
bilden den Rahmen für deine Phantasiegeschichte. Wenn auch
deiner Phantasie keine Grenzen gesetzt sind, so mußt du doch
beachten, daß deine Geschichte einen folgerichtigen Handlungsablauf und keine Widersprüche enthält.
Sicherlich hast du einige gute Ideen, die schreibenswert sind.
Du kannst einen erdachten Traum wiedergeben, eine märchenhafte Geschichte schreiben oder Unmöglichkeiten erzählen, wie

du sie von Münchhausens Lügengeschichten her kennst. Eine davon hier als Beispiel:

Gottfried August Bürger

Der Hirsch mit dem Kirschbaum

In Rußland, wo es viele große Waldungen gibt, hatte ich oft die beste Gelegenheit, meiner Jagdlust nachzugehen. Einst, als ich mein Blei verschossen hatte, stieß mir ganz wider mein Vermuten der stattlichste Hirsch von der Welt durchs Gebüsch. Er blickte mir so ins Auge, als ob er's auswendig gewußt hätte, daß mein Beutel leer war. Augenblicklich lud ich indessen meine Flinte mit Pulver und darüber eine ganze Handvoll Kirschsteine, wovon ich so schnell sich das tun ließ, das Fruchtfleisch abgezogen hatte. Und so gab ich ihm die volle Ladung mitten auf seine Stirn zwischen das Geweih. Der Schuß betäubte ihn zwar, er taumelte, machte sich aber doch aus dem Staube.
Ein oder zwei Jahre danach war ich in eben demselben Walde auf der Jagd, und siehe, zum Vorschein kam ein stattlicher Hirsch mit einem vollausgewachsenen Kirschbaum, mehr denn zehn Fuß hoch, zwischen seinem Geweih. Mir fiel gleich mein voriges Abenteuer wieder ein. Ich betrachtete den Hirsch als

mein längst wohlerworbenes Eigentum und legte ihn mit einem Schusse zu Boden, wodurch ich denn auf einmal an Braten und Kirschtunke zugleich geriet; denn der Baum hing reichlich voll Früchte, die ich in meinem Leben so delikat nicht gegessen hatte.

Aufgaben:

Schreibe die hier aufgeführten Unmöglichkeiten in kurzen Sätzen auf!
Ist der Handlungsablauf folgerichtig?
Wo endet die Einleitung, und an welcher Stelle beginnt der Schluß?

(Siehe Seite 74!)

Vielleicht gelingt dir auch eine märchenhafte Geschichte, wie du eine hier als Beispiel findest.

Gebrüder Grimm
Der gestohlene Heller

Es saß einmal ein Vater mit seiner Frau und seinen Kindern mittags am Tisch, und ein guter Freund der zu Besuch gekommen war, aß mit ihnen.
Und wie sie so saßen und es zwölf Uhr schlug, da sah der Fremde die Tür aufgehen und ein schneeweiß gekleidetes, ganz blasses Kindlein hereinkommen. Es blickte sich nicht um und sprach auch nichts, sondern ging geradezu in die Kammer nebenan. Bald darauf kam es zurück und ging ebenso still wieder zur Tür hinaus.
Am zweiten und am dritten Tag kam es auf die gleiche Weise. Da fragte endlich der Fremde den Vater, wem das fremde Kind gehörte, das alle Mittag in die Kammer ginge.

„Ich habe es nicht gesehen", antwortete er, und wüßte auch nicht, wem es gehören könnte. „Am anderen Tag, als es wiederkam, zeigte es der Fremde dem Vater. Der sah es aber nicht, und die Mutter und die Kinder alle sahen auch nichts.
Nun stand der Fremde auf, ging zur Kammertür, öffnete sie ein wenig und schaute hinein. Da sah er das Kind auf der Erde sitzen und emsig mit den Fingern in den Dielenritzen graben und wühlen. Wie es aber den Fremden bemerkte, verschwand es.
Nun erzählte er, was er gesehen hatte, und beschrieb das Kind genau. Da erkannte die Mutter es und sagte: „Ach, das ist mein liebes Kind, das vor vier Wochen verstorben ist!"
Sie brachen die Dielen auf und fanden zwei Heller, die hatte einmal das Kind von der Mutter erhalten, um sie einem armen Manne zu geben. Es hatte aber gedacht dafür kannst du dir etwas Süßes kaufen, und hatte das Geld behalten, und in die Dielenritzen versteckt. Da hatte es nun im Grabe keine Ruhe gefunden und war alle Mittage gekommen, um nach den beiden Geldstücken zu suchen.
Die Eltern gaben darauf das Geld einem Armen, und danach ist das Kind nicht wieder gesehen worden.

Aufgaben:

Suche zu jedem Abschnitt eine geeignete Überschrift!
Welches der folgenden Sprichwörter paßt zu dem Grimmschen Märchen?
Wer den Pfennig nicht ehrt, ist des Talers nicht wert.
Unrecht Gut gedeihet nicht.
Der Krug geht so lange zum Brunnen, bis er bricht.
Ehrlich währt am längsten.
Geld liegt auf der Straße, man muß es nur aufzuheben wissen.
(Siehe Seite 74!)

Unvollständige Geschichten

Kannst du die folgenden Geschichten zu Ende schreiben? Vielleicht findest du einen recht lustigen Schluß. Auch hierbei ist deine Phantasie gefordert. Gib auch jeder Geschichte eine passende Überschrift!

1.

Winfried hatte sich das Geld für einen guterhaltenen Gebrauchtwagen zusammengespart. Nun konnte er das Fahrzeug beim Händler abholen. Peter, sein zehnjähriger Bruder, der ebenfalls mächtig stolz auf diese Erwerbung war, begleitete ihn. Der rote Golf sah wirklich noch wie neu aus. Froh gestimmt fuhren die Brüder los, um nach einem Umweg den Wagen den Eltern vorzuführen. Aber schon nach einigen Kilometern setzte plötzlich der Motor aus. Vergeblich drehte Winfried am Zündschlüssel und trat auf das Gaspedal. Der Motor blieb still. Maßlos enttäuscht stiegen die beiden Jungen aus, öffneten die Motorhaube, hantierten am Keilriemen und überprüften die Zündkerzen. „Na, klappt es nicht?" fragte teilnahmsvoll ein Mann, der seinen Lieferwagen angehalten hatte. Hilfsbereit versuchte der Fremde den Motor in Gang zu bringen, aber vergeblich. Schließlich sagte er: „Ich schleppe euch euren Golf bis zur nächsten Werkstatt ab." Bald war ein Autoschlosser damit beschäftigt, den Motor fachmännisch zu untersuchen. Aber auch er konnte die Fehlerquelle nicht finden. Plötzlich rief Peter:

(Siehe Seite 75!)

2.
Mutter hat für den Sonntagsbesuch noch allerlei vorzubereiten.
Da ihr aber noch verschiedene Sachen fehlen, hat sie die benö-
tigten Dinge auf einem Zettel aufgeschrieben und bittet Winfried,
alles im nahegelegenen Supermarkt zu besorgen. Rasch nimmt
er Zettel, Geldbörse und Einkaufstasche in die Hand und läuft zu
dem großen Geschäft. Gleich hinter der Ladentür will der acht-
jährige Junge auf den Zettel schauen. Aber wo hat er ihn hinge-
steckt? Aufgeregt sucht er in allen Taschen von Jacke und Hose.
Doch da findet er nur ein Stück Bindfaden, einige Glaskugeln
und das Taschentuch. Auch in der Einkaufstasche liegt er nicht.
„Den muß ich liegengelassen haben", denkt er und läuft geschwind nach Hause. „Mutti, ist der Einkaufszettel noch hier?
Ich hab ihn nicht!" ruft er und wirft Geldbörse und Tasche auf
den Küchentisch. Jetzt merkt er, ...

3.
Neulich hatte ich einen Brief zum Geburtstag meiner Großmutter
geschrieben. Der Umschlag war bereits beschriftet und zuge-
klebt. Ich brauchte nur noch die Briefmarke aufzukleben, die ich
auf den Schreibtisch gelegt hatte. Doch sie war weg. Sicherlich
war sie heruntergefallen. Ich begann, überall zu suchen, in der

Schreibtischschublade, auf meinem Stuhlkissen und zwischen allerlei Papieren. Ich kroch über den Teppich bis unter den Schreibtisch. Ich war schon ganz verzweifelt. Der Brief mußte noch heute abgeschickt werden, und ich hatte keine andere Marke. Plötzlich ging die Tür auf, und ich hörte die Stimme meiner Mutter. „Was machst du denn unter dem Schreibtisch!" fragte sie erstaunt. „Ich suche meine Briefmarke!" Da begann meine Mutter laut zu lachen.

(Lösungsbeispiele auf Seite 75!)

4.

Die Kinder des vierten Schuljahres waren für drei Tage in einer schön gelegenen Jugendherberge der Eifel einquartiert. Es war die erste mehrtägige Fahrt ihrer Schulzeit. Gleich nach ihrer Ankunft waren sie über die mit blühenden Ginsterbüschen und Wäldern bedeckten Höhen gewandert und hatten nach dem Abendbrot gemeinsam lustige Heimspiele durchgeführt. Dennoch waren die meisten der Jungen noch gar nicht müde. Auch als der Lehrer das Licht in den Schlafräumen ausschaltete, unterhielten sich Werner und Heinz weiterhin, obwohl das Reden und Lachen der anderen allmählich verstummte. „Wollen wir beide einmal Gespenster spielen?" fragte Werner leise. „Fein, ich mach mit!" flüsterte Heinz. Rasch zogen beide ihre Bettlaken über den Kopf und schlichen auf Zehenspitzen ins Nebenzimmer, wo sie ihre Kameraden tüchtig erschrecken wollten. Beim spärlichen Licht einer Taschenlampe begannen sie mit schauerlichen Heultönen zu spuken. Schallendes Gelächter setzte ein, denn auch in diesem Raum hatten noch nicht alle geschlafen. Kopfkissen und Hausschuhe wirbelten auf die Gespenster, bis beide auf den Flur flüchteten. Doch hier erschraken die zwei Helden ...

5.

Gerdas Eltern hatten sich fürs Theater umgezogen und freuten sich schon auf die Operette „Schwarzwaldmädel". „Du brauchst keine Angst zu haben", sagte die Mutter zu der Elfjährigen, „wir kommen sofort nach der Vorstellung wieder. Du kannst ja im Bett noch etwas lesen. Aber schalte nicht das Fernsehen an, sonst kannst du hinterher schlecht schlafen."

Kaum hatten die Eltern das Haus verlassen, schaute Gerda in die Programmzeitschrift. Gleich nach den Nachrichten gab es einen Krimi. „Die Gelegenheit ist günstig", dachte sie, „den will ich mir ansehen." Es war wirklich ein so spannender Film, daß sie danach nicht einschlafen konnte. Angstvoll starrte sie an die Zimmerdecke. Die vor dem Haus stehende Straßenlampe leuchtete durch Baumzweige und warf Schatten, die sich im Zimmer bewegten. Gerda dachte an den Krimi, in dem ein Mann auf einen Baum geklettert war, um in eine Wohnung einzusteigen. Ihre Angst wurde immer größer, als sie jetzt sogar noch Schritte vor der Haustür hörte ... .

6.

Bei der folgenden Geschichte fehlt außer dem Schluß auch noch ein Stück in der Mitte.

Frau Schubert und ihr neunjähriger Sohn Hans wollen mit dem Zug nach Düsseldorf fahren. Sie müssen sich beeilen, denn es ist höchste Zeit. Schon in wenigen Minuten soll der Zug vom

Kölner Hauptbahnhof abfahren. „Schau schnell nach, auf welchen Bahnsteig wir müssen!" sagt die Mutter am Bahnhofseingang und hastet mit dem Koffer schon weiter. Hans rennt zur Abfahrtstafel und ruft: „Auf Bahnsteig 4!" Geschwind steigen beide die Treppen hinauf, aber der Zug steht noch nicht da ... Plötzlich hören sie eine Stimme im Lautsprecher: „Achtung für Bahnsteig 1! Bitte zurücktreten! Der Zug nach Düsseldorf fährt sofort ab. Die Türen schließen selbsttätig."

7.
Hier fehlt der Anfang. Lies zunächst den Text aufmerksam durch! Dann findest du sicherlich ein paar Sätze, die die Geschichte vervollständigen.
... Er hieß Josef und war erst vor ein paar Monaten mit seinen Eltern aus Schlesien umgesiedelt worden. Dort hatte er die polnische Schule besucht und stand nun in einer für ihn völlig neuen Welt. Etwas ängstlich blickte er auf seine künftigen Klassenkameraden, die ihn neugierig anschauten. „Ich hoffe", sagte der Schulleiter, „daß ihr alle recht nett zu eurem neuen Mitschüler seid. Helft bitte mit, daß er sich bei uns wohlfühlt und daß er bald die deutsche Sprache verstehen kann."

8.
Zur folgenden Geschichte fehlen sogar Anfang und Schluß. Findest du eine lebensechte Begründung dafür, daß Käthe die Karte zurückbekam?
... Käthe wollte soeben zur Schule gehen. Da begegnet ihr vor der Haustür der Briefträger. „Käthe, ich habe Post für dich!" sagt er mit einem freundlichen, aber schelmischen Lächeln. Verwundert nimmt das Mädchen die Glückwunschkarte in Empfang, die sie gestern für Großmutters Geburtstag geschrieben und in den Briefkasten geworfen hat. ...
(Die Lösungsbeispiele für die 8 Geschichten findest du auf Seite 75!)

Aufsätze nach Leitwörtern

Kinder eines vierten Schuljahres sollten einen Aufsatz schreiben, in dem die Wörter „Dachboden, kreidebleich, lachen" vorkommen. Das ist Steffis Aufsatz:

Es regnete draußen. Arno und Peter waren im Zimmer und langweilten sich. Da hatte plötzlich Peter eine Idee und sagte zu seinem Bruder: „Sollen wir mal auf den Dachboden gehen? Da können wir unsre Autos fahren lassen." Arno war mit dem Vorschlag einverstanden. Dann sagte Peter: „Geh schon mal vor! Ich komme gleich nach." Arno nahm sein fernlenkbares Auto und ging die Treppe hinauf. Inzwischen verkleidete sich der ältere Peter mit einer Bettdecke und ging leise nach oben. Als er oben war, machte er komische Geräusche und wedelte mit den Armen. Arno erschrak und wurde kreidebleich. Danach zog Peter die Bettdecke vom Kopf. Da mußten beide lachen. Peter und Arno spielten noch eine Weile und gingen nachher wieder in ihr Zimmer.

Aufgaben:

Steffi hat die Aufgabe gelöst, indem sie die drei angegebenen Wörter in den Text eingebaut hat. Trotzdem hat ihr Aufsatz ein paar Schwachstellen. Findest du sie heraus, und kannst du sie abändern? Suche auch eine passende Überschrift!

(Siehe Seite 76!)

Versuche einmal, einen Aufsatz zur angegebenen Überschrift zu schreiben, in dem du die darunterstehenden Namenwörter (Substantive) in dieser Reihenfolge in den Text hineinnimmst!

Der erste Frost

Novembermorgen - Himmel - Reif - Bäume - Geranien - Balkon-
kästen - Garten - Stiefmütterchen - Blätter - Erde - Pfützen - Eis
- Schulweg - Mantel - Sonne

Verkehrsunfall

Morgen - Nebel - Schulweg - Fahrzeuge mit Licht - Junge auf
Fahrrad - Auto - Straßenkreuzung - Bremse - Zusammenprall -
Verletzung - Leute - Krankenwagen - Polizei - Schuld - Zeugen -
Schule

Panne bei Annemies Geburtstagsparty

Einladung - Freundinnen - Geschenke - Mutter - Kaffeetafel -
Kuchen - Obsttorten - Cola - Kirschsaft - Schallplatten - Irene -
Stuhl - Tischtuch - Gläser - Scherben - Obstflecken - Ende

Die bereits verpackte Badehose

Letzte Schultage - Sommerferien - Günter - Vorfreude - Koffer-
packen - Ferienvorbereitung - Regenumhang - Wanderkleidung
- Sportsachen - Badehose - Vater - Koffer zur Bahn - Urlaubsort
- letzter Schultag - Sonne - Schwimmbad - keine Badehose -
Freund Holger - zu weite Badehose - Gelächter

Kinder eines 4. Schuljahres sollten den Anfang einer Seeräuber-
geschichte nacherzählen und den übrigen Teil selbst erfinden.

Daß das eine Phantasiegeschichte war, geht schon aus der Überschrift hervor.

Messermax spinnt Seemannsgarn

Es donnerte und blitzte. Die Strickleiter an der Wand des Kaufmannsschiffes Blauer Wal wackelte sehr stark. Trotzdem kletterte ich an Bord. Ich ging auf die Kajütentür zu und stolperte über eine alte Heringstonne, die mit lautem Getöse die Treppe hinunterpolterte. Plötzlich packten mich zwei starke Männer im Genick, und ich flog in hohem Bogen in eine Herigstonne, die zugenagelt wurde. Ich bekam kaum noch Luft. Doch ich hatte mein Messer dabei und stach ein kleines Loch in den Deckel.

Am nächsten Morgen landete das Schiff Blauer Wal in einem großen Hafenbecken, und ich wurde in der Tonne auf den Bordsteg hinuntergerollt. Mir war ganz übel zumute. Kurz danach wurde ich versteigert. Ein ungefähr vierzig Jahre alter Kaufmann mit einer Hakennase und einem Adlergesicht kaufte die Tonne, in der ich eingesperrt war. Er meinte natürlich, es wären Fische darin. Auf einem Handkarren ging es zu einem Fischladen. Dort öffnete der Mann den Deckel der Heringstonne und erschrak fast zu Tode, als er mich sah. „Na warte, Bürschchen", schrie er, „du wirst was erleben!" und nagelte das Faß wieder zu. - Dann ging er fort, wahrscheinlich um die Polizei zu holen.
Nach einer Weile brachen drei Männer die verschlossene Ladentür auf. Dann prüften sie, welche Heringstonne am schwersten war. Es war die Tonne, in der ich steckte. Also schleppten sie das Faß mit mir auf ein Schiff. Dort brachen sie die Tonne auf und schraken zurück. Ich traute meinen Augen nicht, denn ich war auf meinem Schiff. Um mich herum standen meine Räuber-

kumpanen und staunten. Es war schon Abend. Wir saßen zusammen, und ich mußte mein ganzes Abenteuer erzählen.

(Martin B., Klasse 4a)

Messermax spinnt Seemannsgarn

Eines Abends donnert und blitzte es fürchterlich. Ich hatte mich
als blinder Passagier auf einem Kaufmannsschiff versteckt.
Gerade schleiche ich neugierig herum, da stolperte ich über eine
aufgerollte Strickleiter und falle mit lautem Gepolter aufs Deck.
Bevor ich richtig aufstehen kann, packt mich jemand in der
Dunkelheit. Bald erkenne ich zwei Männer. Sie binden mir die
Füße . Dann steckt mich der eine in eine Heringstonne und der

andere nagelt den Deckel der Tonne fest zu. „Buh! Wie das hier stinkt nach altem Fisch! Pfui!" Vorsichtig bohre ich mit meinem Messer ein Loch in den Deckel der Tonne. So bekomme ich wenigstens ein bißchen Luft. Leider kann ich nichts sehen. Es ist immer noch stockfinster.

Stunden vergehen, oder sind es Tage? Ich weiß nicht mehr, wie lange ich schon eingesperrt bin. Auf einmal spüre ich einen kräftigen Ruck. Das Faß kippt um, und ich mache einen Purzelbaum nach dem anderen, ob ich will oder nicht. Mir wird ganz schwindelig bei dem dauernden Drehen. Endlich stellt jemand die Tonne hin. Langsam wird mir wieder besser. Ich muß in einer Hafenstadt sein, denn ich höre plötzlich fremde Stimmen, die laut durcheinanderschreien. Geldstücke klimpern, und jemand ruft: „Die da!" Noch immer höre ich lautes Geschrei. Endlich wird meine Tonne geöffnet. Blitzschnell schneide ich mir den Strick von meinen Füßen los und will hinausspringen. Wie erschrickt der Käufer, als er in der Tonne keinen einzigen Hering entdeckt sondern mich, den Seeräuber Messermax. Er packt mich am Kragen und ist so sauer, daß er das viele Geld umsonst ausgegeben hat. „Ich habe große Lust, dich zu verprügeln", schreit er. Nun fängt er an, mich zu schlagen. Da hebe ich hilfesuchend die Arme und erzähle ihm, wie ich mich als blinder Passagier auf einem Kaufmannsschiff eingeschlichen habe, wie mich jemand gegriffen und in diese Tonne gesteckt hat. Ganz betrübt bitte ich ihn, ob ich bei ihm bleiben dürfe. Er willigt ein. So lebe ich jetzt bei einem Fischhändler und bin sehr froh, aber auch ein bißchen traurig, weil ich meine Freunde verloren habe.

(Janine R., Klasse 4a)

Aufgaben:

Lies dir diese beiden Geschichten gut durch! Kannst du feststel-
len, wie weit die Geschichte vorgelesen wurde? Weshalb ist die
Arbeit von Janine besser? Unterstreiche die in dieser Arbeit
enthaltenen treffenden Eigenschaftswörter!
Welchen Grund hat wohl Janine gehabt, die Geschichte in der
Gegenwart (Präsens) zu erzählen? Allerdings hat sie an drei
Stellen wohl versehentlich die Zeit gewechselt. Findest du sie?
Wie würdest du die beiden Arbeiten bewerten?

(Siehe Seite 78!)

Themen für Phantasiegeschichten

Nun folgen einige Themen für eine Phantasiegeschichte, die du
ganz frei gestalten kannst. Suche dir davon eine aus. Janines
vorbildlicher Aufsatz wird dir sicherlich eine gute Anregung
bieten. Vergiß aber dabei nicht Einleitung und Schluß.

Mein Flug zum Mars
Im Zauberbereich der Zwerge
Gespensterball in der
Geisterstunde
Mein Hamster erzählt
Meine Blockflöte hat Zauberkraft
Der Reisebericht eines
Regentropfens
Das fliegende Bett

In der unheimlichen Burgruine
Mein Teddybär (Meine Puppe)
erzählt
Wenn ich in unserem Land
einen Tag lang zu sagen hätte
Wenn ich ein Millionär wäre
Unser Kirchturmhahn wird
lebendig
Unsichtbar mit Tarnkappe

Lösungsteil

Der Hirsch mit dem Kirschbaum

Unmöglichkeiten: Mit Kirschsteinen kann man nicht schießen, denn sie würden bereits im Gewehrlauf vom Pulver zerstört. Kirschsteine können sich nicht auf dem Kopf eines Tieres zu einer Pflanze entwickeln.
In zwei Jahren ist kein Baum ausgewachsen.
Er kann sich auf einem Hirschkopf auch gar nicht entwickeln und sogar Früchte tragen.
Mit einem Baum auf dem Kopf kann kein Tier leben.
Die Geschichte ist aber trotz der Unmöglichkeiten folgerichtig aufgebaut.
Die Einleitung endet nach dem ersten Satz (... meiner Jagdlust nachzugehen). Der Schluß besteht nur aus dem Teilsatz (die ich je in meinem Leben gegessen hatte).

Der gestohlene Heller

Vorschläge für die Abschnittsüberschriften

1. Die Familie beim Mittagessen mit einem Gast
2. Das weiße Kind erscheint
3. Die Erscheinungen wiederholen sich
4. Nur der Gast sieht das Kind
5. Die Beobachtungen des Gastes in der Kammer
6. Der Gast berichtet, was er gesehen hat
7. Die Eltern finden das Geld in der Kammer
8. Das Kind erscheint nicht mehr

Das passende Sprichwort: Ehrlich währt am längsten.

Mögliche Vervollständigung der acht Geschichten

1. „Da ist ja kein Benzin mehr im Tank."

2. Jetzt merkt er, daß er die ganze Zeit den Einkaufszettel zerknüllt in der Hand gehalten hat.

3. „Die Briefmarke klebt dir ja am Hosenboden!"

4. Auf dem Flur stand der Lehrer, dem sie direkt in die Arme liefen. Damit war der nächtliche Spuk beendet.

5. Es dauerte nicht lange, da wurde die Tür geöffnet. Gerdas Herz klopfte, als wollte es zerspringen. Doch es war kein Einbrecher. Fürsorglich schauten die Eltern durch den Türspalt in ihr Zimmer.

6. „Da haben wir uns unnötigerweise abgehetzt", sagt die Mutter und putzt sich den Schweiß von der Stirn. „Der Zug hat sicherlich ein paar Minuten Verspätung. Da kannst du dich inzwischen etwas verschnaufen", meint Hans und schaut in die Richtung, aus der der Zug kommen soll.
„So ein Mist! Den Zug kriegen wir nicht mehr!" schimpft die Mutter. „Du hast bestimmt nicht richtig auf den Plan geschaut." Tatsächlich hatte sich Hans in der Eile verguckt. Gut, daß der nächste Zug in einer knappen halben Stunde fuhr, mit dem sie auch noch zeitig genug ankommen würden.

7. Vor einiger Zeit kündigte unser Lehrer einen neuen Schüler an,

um den wir uns besonders gut kümmern sollten. Bereits am nächsten Tage führte der Rektor den Jungen in unsere Klasse und stellte ihn mit freundlichen Worten vor.

8. Käthe hat ihrer Großmutter eine schöne bunte Geburtstags-karte geschrieben. Sie hat sich dabei ordentlich angestrengt, mit besonders sauberer Schrift die Oma zu erfreuen.
„Du hast leider vergessen, die Adresse deiner Großmutter auf die Karte zu schreiben", sagt der Briefträger.

Vorschläge für die Überschriften:

1. So fährt kein Auto - Hier fehlt das Wichtigste
2. Der verschwundene Einkaufszettel - Wo ist nur der Zettel?
3. Vergebliches Suchen - Die Briefmarke an der falschen Stelle
4. Geisterspuk - Rasches Ende der nächtlichen Störung
5. Die Folge des Krimis - Angst vor Einbrechern
6. Der falsche Bahnsteig - Verguckt
7. Der neue Schüler - Josef aus Schlesien
8. Die zurückgekommene Glückwunschkarte - Enttäuschung mit der Post

Steffis Aufsatz nach Leitwörtern

Schwachstellen im Aufsatz:	Abänderungen:
Es regnete draußen.	Es regnete. („draußen" ist überflüssig)
Da können wir unsere Autos fahren lassen.	Da können wir unsere Autos besser fahren lassen. (Fahren können sie überall.)

Dann sagte Peter: „Geh ...	Dann sprach Peter: „Geh ... (Ausdruckwechsel - zweimal „sagte")
Arno nahm ... und ging die Treppe hinauf.	... und stieg die Treppe hinauf. (treffenderes Zeitwort)
Inzwischen verkleidete sich Peter mit einer Bettdecke und ging leise nach oben.	Inzwischen hüllte sich Peter in eine Bettdecke ein und schlich nach oben. (Mit einer Decke allein kann man sich nicht verkleiden. - „schlich" viel besser als „ging leise")
Als er oben war, machte er komische Geräusche und wedelte mit den Armen.	Auf dem Dachboden („oben" Wortwiederholung) begann er geisterhaft zu heulen („Komische Geräusche" zu ungenau) und schwenkte (besserer Ausdruck) die Arme.

Steffi hat zwar die gestellte Aufgabe gelöst und die drei Leitwörter untergebracht, aber der Aufsatz hätte noch mehr ausgestaltet sein können. Beispiel für eine bessere und ausführlichere Gestaltung des Schlusses:

Danach zog Peter die Bettdecke vom Kopf. Da mußten beide lachen. Peter und Arno spielten noch eine Weile und gingen nachher wieder in ihr Zimmer.	Da ließ Peter die Decke fallen, die ihn von Kopf bis zu den Füßen ganz eingehüllt hatte. „Mensch, hast du mich erschreckt", rief der kleinere Bruder und atmete erleichtert

auf. Nun mußten beide über diesen Spaß herzlich lachen. Noch eine Weile ließen sie ihre Autos auf dem geräumigen Dachboden fahren, bis es ihnen da oben zu dunkel wurde und sie wieder in ihr Zimmer zurückkehrten.

Vorschlag für die Überschrift: Lustiger Spuk auf dem Dachboden

Messermax spinnt Seemannsgarn

Bis zum Ende des ersten Abschnitts war die Geschichte durch Vorlesen bekannt. Schon an diesem Teil kannst du erkennen, daß Janine viel genauer und ausführlicher schreibt, besonders durch den Gebrauch treffender Eigenschaftswörter (fürchterlich, neugierig, aufgerollt, vorsichtig, stockfinster, schwindelig, betrübt, traurig).
Die Gegenwart macht diese Geschichte zeitnaher und auch lebendiger. (Die drei falschen Zeitformen: blitzte, hatte, stolperte)
Janines Aufsatz wurde mit „sehr gut", der andere mit „ausreichend" bewertet. Hast du auch so geurteilt:?
Martins Aufsatz ist ausdrucksmäßig schlecht (... ich flog in hohem Bogen in eine Heringstonne. - Kurz danach wurde ich versteigert - natürlich die Tonne mit ihrem Inhalt, nicht der Messermax!
Martin beschreibt genau den Kaufmann, obwohl er durch das kleine Loch im Deckel kaum etwas sehen kann.
Solche Unmöglichkeiten entstehen, wenn man sich den Handlungsverlauf nicht klar durchdacht hat.

Beschreibungen

Auch du bist sicherlich schon einmal aufgefordert worden, etwas zu beschreiben. Das kann ein Lebewesen, ein Gegenstand, ein Weg oder ein Vorgang sein. Dabei kommt es ganz besonders auf Genauigkeit an. Beschreibungen erfordern die Gegenwart (Präsens).

Die Kinder eines 4. Schuljahres sollten einen Verwandten oder jemanden aus der Klasse beschreiben.

a) Personenbeschreibungen:
Mein Großvater

Mein Großvater ist bald 70 Jahre alt, aber ich meine, er sieht aus wie 60. Er ist nicht sehr groß. Er ist schlank. Durch seinen geraden Gang und seinen sportlichen Körper wirkt er jünger, als er ist. Seine Haare sind kurz geschnitten und gescheitelt. Seine Augen sind dunkelbraun. Er trägt gewöhnlich eine Brille, über die er häufig hinwegschaut. Mein Großvater hat eine gerade, lange Nase und ein spitzes, bartloses Kinn. Er hat immer einen freundlichen Gesichtsausdruck. Ich habe ihn sehr gern. Wenn er samstags zum Sportplatz geht, nimmt er mich jedesmal mit. Manchmal drückt er mir auch ein Geldstück oder sogar einen Schein in die Hand. Mein Opa ist prima!

Aufgabe:

Kannst du dir nach dieser Beschreibung diesen Großvater gut vorstellen? Fehlen wichtige Angaben, oder ist einiges für die Beschreibung überflüssig? (Siehe Seite 87!)

Die Kriminalpolizei bittet um Hinweise

Gesucht wird ein Mann zwischen 25 und 30 Jahren, der etwa 180 cm groß ist. Er wurde gestern, Sonntag, gegen 9 Uhr auf der Mittelstraße mit einem blauen Plastiksack gesehen. Bekleidet war er mit einem grauen Mantel und heller Hose.

Aufgabe:

Sind diese Angaben ausreichend? Weshalb ist diese Beschreibung so kurz gefaßt? Was für Hinweise wären noch wichtig? Welcher war wohl der bemerkenswerteste Hinweis?

(Siehe Seite 87!)

b) Tierbeschreibungen:
Katze entlaufen

Gestern ist unsere Katze fortgelaufen. Sie ist zwei Jahre alt und hört auf den Namen Mucki. Sie hat ein glattes, graues Fell, das von dünnen, schwarzen Streifen durchzogen ist. Zwischen den

Augen hat sie einen helleren Fleck. Die Ohren sind beide ganz schwarz. Um den Hals trägt sie ein grünes Lederband.
Sollte sie irgenwo zugelaufen sein, bitten wir um Nachricht gegen Belohnung. Telefon: 578 630 bei Karl Winter

Aufgabe:

Beschreibe die abgebildete Katze so genau wie möglich!

c) Beschreibungen von Räumen oder Wohnungen:
Mein Zimmer

Nach dem Umzug in eine Wohnung schreibt Maria an ihre entfernt wohnende Großmutter einen Brief mit der Beschreibung ihres Zimmers.

Liebe Oma!

Seit der vorigen Woche sind wir nun in unsrer neuen Wohnung. Gestern wurde auch mein Zimmer fertig eingerichtet. Damit Du es Dir gut vorstellen kannst, will ich es kurz beschreiben. Der Schrank steht neben der Tür. Mein Bett steht in der Ecke neben dem Tisch. Ich habe ein breites Fensterbrett, da sind meine Kakteen drauf. Auf dem Tisch steht die kleine Lampe, die Du mir mal geschenkt hast. Daneben habe ich meinen Kassettenrekorder gestellt. Wenn ich zu Hause bin, ist der immer eingeschaltet. Mutter schimpft immer, wenn ihr die Musik zu laut ist. Doch dabei fühle ich mich am wohlsten. Vielleicht kannst Du uns bald mal besuchen kommen, dann kannst Du Dir unsere Wohnung ansehen. Sie gefällt Dir bestimmt. Hoffentlich geht es Dir in Trier noch gut. Sei herzlich gegrüßt von

Deiner Maria

Aufgaben:

Was hältst du von dieser Beschreibung? Kann sich die Großmutter ein klares Bild von Marias Zimmer machen? Welche Angaben fehlen? Das Wort „steht" kommt dreimal kurz hintereinander vor - Kannst du diesen Ausdruck wechseln?

(Siehe Seite 88!)

d) Spielanweisungen:
Das Teekesselchenspiel

Helga durfte zu ihrem Geburtstag ein paar Kinder einladen. Nach dem Kaffee beschäftigen sie sich gerade mit dem Ratespiel Teekesselchen, bei dem ein Wort mit zweierlei Bedeutungen durch kurze Beschreibung erraten werden soll. Abwechselnd geben Helga und Peter kleine Hinweise.

Helga: Mein Teekesselchen ist dick und lang.
Peter: Mein Teekesselchen ist naß.
Helga: Mein Teekesselchen ist geflochten.
Peter: Mein Teekesselchen sieht man manchmal am frühen Morgen.
Helga: Mein Teekesselchen dient zum Ziehen.
Peter: Mein Teekesselchen kann an Grashalmen hängen.
Helga: Mein Teekesselchen gibt es auch auf Schiffen.
Peter: Mein Teekesselchen besteht aus Wasser.
Da ruft Hans: „Ich weiß es! Euer Teekesselchen heißt Tau."

Es gibt noch mehr doppeldeutige Namenwörter (Substantive), die du für ein Teekesselspielchen benutzen kannst. Suche dir davon einige aus, die du durch kurze Beschreibung erklären kannst!

Ball, Band, Bank, Bauer, Bogen, Bund, Feder, Flur, Hahn, Kiefer, Leiter, Mark, Nadel, Pflaster, Schild, Schiefer, Schimmel, Schloß, Strauß, Ton
Schreibe zu diesen Namenwörtern die beiden Bedeutungen dahinter!

(Siehe Seite 88!)

e) Gegenstandsbeschreibungen:
Meine Armbanduhr

Jutta hat in der Turnhalle ihre Uhr liegengelassen. Deshalb fragt sie beim Hausmeister nach, der sie gefunden hat. Aus Sicherheitsgründen verlangt er aber eine genaue Beschreibung.
Gestern habe ich in der Halle meine Armbanduhr liegengelassen, die ich zu Weihnachten von meinen Großeltern geschenkt bekommen habe. Die war bestimmt sehr teuer, denn sie ist aus Gold. Als ich nach dem Unterricht meine Uhr holen wollte, war sie nicht mehr da. Ich glaube, ich habe sie im Umkleideraum auf die Bank gelegt.

Du merkst, daß das keine Beschreibung ist. Vieles von dem, was Jutta dem Hausmeister mitteilt, ist unwichtig (Weihnachtsgeschenk der Großmutter - teuer). Aber notwendige Angaben zur genauen Beschreibung der Armbanduhr fehlen (Form der Uhr, Aussehen des Zifferblattes, Art der Zeiger, Farbe und Material des Armbandes, Name der Herstellerfirma). Das alles will der Hausmeister wissen, damit die Uhr dem rechtmäßigen Besitzer zurückgegeben werden kann. Wichtig ist der Hinweis über Ort und Zeit des Verlustes.
Die Angabe, die Jutta über die Art der Uhr macht ist unrichtig. Die Armbanduhr ist nicht aus Gold, sondern höchstens vergoldet.

Aufgabe:

Gib eine möglichst genaue Beschreibung von deiner Armband-
uhr! Denke an Form (quadratisch, rechteckig, rund, oval),
Material und Hersteller,
Zifferblatt (Farbe, Art der Zahlen, Datumsanzeige, Sekundenzei-
ger), Armband (Material, Farbe),
Besondere Merkmale!

f) Ortsbeschreibungen:

In dieser Ortsbeschreibung sind einige Wörter eingeklammert.
Suche davon den treffendsten Ausdruck aus und streiche die
übrigen durch!

Mein Heimatort

Ich lebe in Zons, wo ich auch geboren bin. Es ist eine kleine
(antike, altertümliche, historische) Stadt (im Rheinland, am linken
Niederrhein, in Westdeutschland). Sie ist noch (vollständig, an
allen vier Seiten, außen) von (einem Mauerwerk, einer Befesti-
gungsanlage, einer Stadtmauer) umgeben. Sie wurde bereits (in
alter Zeit, im Mittelalter, im 14. Jahrhundert) zur Stadt erklärt.
Damals war Zons eine Zollfeste des Kölner (Erzbischofs, Lan-
desherrn, Herrschers). Für ihn wurde am Rheintor von den vorbeifahrenden (Bootsmännern, Seeleuten, Schiffern - der Zoll,
die Abgaben, Geld) erhoben. Jetzt besuchen an (vielen, allen,
zahlreichen) Wochenenden eine Menge (Gäste, Leute, Fremde)
unsere Stadt, (gehen, spazieren, wandern) durch die engen
(Gassen, Wege, Straßen), und (sehen, betrachten, besichtigen)
die alten (Häuser und Türme, Gebäude, Bauten).
(Siehe Seite 89!)

Aufgabe:

Versuche einmal, Wesentliches über deinen Heimatort zu schreiben! Dabei kannst du auch wie hier im Beispiel auf Geschichtliches eingehen.

g) Wegbeschreibungen

Häufig fragen Leute, die in einer Gegend oder in einem Ort fremd sind, nach dem Weg zu einem bestimmten Ziel. Übe Wegbeschreibungen zunächst an deinem Schulweg, wie es im folgenden Beispiel zu lesen ist!

Mein Weg zur Schule

Mein Schulweg ist nicht sehr lang. Wenn ich nirgendwo stehenbleibe, brauche ich höchstens eine Viertelstunde. Zuerst gehe ich auf unserer Stephanstraße etwa 100 Meter nach rechts bis zur Ampel. Hier überquere ich die Wilhelmstraße, eine breite, verkehrsreiche Hauptstraße. Nun biege ich in die Königsstraße ein, bis ich an der Hauptpost vorbeikomme. Von hier aus führt ein Fußweg nach links bis zur Elisabethkirche, wo er in die Lindenallee einmündet. Wenn ich diese Allee entlanglaufe, bin ich in wenigen Minuten in meiner Schule.

Auf dem Weg zur Fichteschule

Wenn ich aus unserem Haus komme, gehe ich nach rechts bis zur Straßenkreuzung. Dann gehe ich die Gneisenaustraße entlang bis zur Wilhelmstraße. Nachher gehe ich in die Königsstraße bis zur Hauptpost. Dann gehe ich auf einem schalen Weg bis zur Elisabethkirche und weiter die Lindenallee entlang bis zu meiner Schule.

Aufgabe:

Zwei Kinder haben ihren Weg von ihrer Wohnung zur gemeinsamen Schule beschrieben. Beim Durchlesen kannst du feststellen, von welcher Straße aus sie denselben Weg haben.
Beurteile diese beiden Beschreibungen! Welche ist genauer?
Welche Art von Angaben fehlen in der zweiten Beschreibung?
Vergleiche einmal den Ausdruckswechsel in den beiden Beschreibungen! Was fällt dir dabei auf?
Sammle Zeitwörter (Verben) die Fortbewegungen auf dem Schulweg ausdrücken!

(Siehe Seite 89!)

h) Bildbeschreibungen:

Beschreibe einmal den Zwerg, der beim Angeln eine tolle Überraschung erlebt! Male das Bild vorher bunt, damit es noch lustiger aussieht! Beginne beim Beschreiben mit der Tätigkeit des
Männleins, dann seinen Kopf und seine Kleidung von der Mütze
bis zu den Schuhen! (Siehe Seite 90!)

Beschreibe auch Bilder und Zeichnungen, die du selbst gemalt hast!
Auch die Abbildungen in diesem Büchlein bieten dafür Möglichkeiten.

Lösungsteil

Mein Großvater

Ullis Beschreibung des Großvaters ist vollständig. Jedoch gehören die letzten drei Sätze nicht mehr dazu. (Wenn er samstags
zum Sportplatz geht ...) Daß der Opa jünger wirkt, hätte Ulli
zusammenfassen können. (Mein Großvater ist bald 70 Jahre alt.
Aber durch seinen geraden Gang und seinen sportlichen Körper
wirkt er jünger, als er ist). Kurze Sätze sollten zusammengefaßt
werden. (Er ist schlank, aber nicht sehr groß.)

Die Kriminalpolizei bittet um Hinweise

Für eine genaue Beschreibung fehlen Angaben über die Haar-
farbe, das Gesicht und über besondere Merkmale. Wichtig ist
der Hinweis, daß der Mann einen blauen Plastiksack gegen

9 Uhr auf der Mittelstraße getragen hat. Täterhinweise können meist nur sehr lückenhaft sein, da die Begegnungen nur kurz und flüchtig sind.

Teekesselchen

Die doppelten Bedeutungen: Ball (Spielgerät, Tanzveranstaltung), Band (Buch, Stoffstreifen), Bank (Gebäude, Sitzgelegenheit), Bauer (Vogelkäfig, Landwirt), Bogen (Kreis, Zubehör zum Pfeilschießen), Bund (Vereinigung, Bündel), Feder (Schreibgerät, Teil des Vogelkleides), Flur (Vorraum, Gelände), Hahn (Vogel, Verschluß von Leitungen), Kiefer (Nadelbaum, Knochen), Leiter (Steigegerät, Führer), Mark (Geldstück, Bezirk), Nadel (Nähgerät, Teil von Bäumen), Pflaster (Straßenbelag, Schutz auf Wunden), Schild (Schutz, Erkennungszeichen), Schiefer (Holzsplitter, Gesteinsart), Schimmel (Pferd, Pilz), Schloß (Gebäude, Verschluß), Strauß (Vogel, Blumen), Ton (Geräusch, Erdart)

Beschreibung des Zimmers im Brief
an die Großmutter

Aus diesen Angaben kann sich niemand ein klares Bild von Marias Zimmer machen, weil sie völlig ungeordnet und nicht aufeinander bezogen sind (Schrank neben der Tür, Bett in der Ecke neben dem Tisch, Fensterbrett, Lampe und Kassettenrekorder auf dem Tisch). Außerdem erfährt man nichts über die Lage, Größe des Zimmers, über Wandschmuck und Ausblick vom Fenster. - Ausdruckswechsel für „steht": befindet sich, sieht man
Das wäre eine richtige Beschreibung: Mein Zimmer gefällt mir sehr gut. Es liegt neben dem Bad und ist 4 m lang und 3 m breit. Gleich rechts neben der Tür steht mein Schrank, der fast bis ans

Fenster reicht. An der gegenüberliegenden Wand ist mein Bett aufgestellt neben dem Tisch mit zwei Stühlen. Darüber habe ich einige Poster mit Tierabbildungen befestigt. Das große Fenster nimmt fast die gesamte Breite des Raumes ein. Auf dem Fensterbrett habe ich alle meine Kakteen aufgestellt. Ich habe einen schönen Ausblick auf große Gärten und die dahinterliegende Peterskirche.

Mein Heimatort

Ich lebe in Zons, wo ich auch geboren bin. Es ist eine kleine historische Stadt am linken Niederrhein. Sie ist noch vollständig von einer Stadtmauer umgeben. Sie wurde bereits im 14. Jahrhundert zur Stadt erklärt. Damals war Zons eine Zollfeste des Kölner Erzbischofs. Für ihn wurde am Rheintor von den vorbeifahrenden Schiffern der Zoll erhoben. Jetzt besuchen an zahlreichen Wochenenden eine Menge Fremde unsere Stadt, spazieren durch die engen Gassen und betrachten die alten Häuser und Türme.

Mein Weg zur Schule

Obwohl die beiden Kinder von der Wilhelmstraße aus denselben Schulweg haben, ist ihre Wegbeschreibung doch recht unterschiedlich. Du siehst schon aus der Länge der Beschreibung, daß die erste bedeutend genauer ist. Hier werden die Zeit für den Schulweg und die einzelnen Entfernungen angegeben. Ebenso erfährt man, daß die Wilhelmstraße eine stark befahrene Hauptstraße ist.
Auch bei einer Beschreibung muß man auf guten Ausdruckwechsel achten, wie es in der ersten Arbeit der Fall ist. In der

anderen Beschreibung wurde nur das Zeitwort (Verb) „gehen"
gebraucht.
Fortbewegungen auf dem Schulweg (Wortfeld): gehen, laufen,
trödeln, bummeln, rennen, eilen, überqueren, einbiegen, fahren

Bildbeschreibung

Ein Zwerg angelt an einer steilen Uferböschung. Aber statt eines
Fisches hängt ein alter Schuh am Angelhaken. Diese Enttäu-
schung kann man dem Männchen am Gesicht ablesen. Der
Zwerg macht große Augen, die Haare stehen ihm zu Berge, und
sein Bart sträubt sich. Vor Schreck hat er die Tabakspfeife aus
dem Mund fallen lassen.
Er trägt eine gemusterte Zipfelmütze mit einer Bommel, eine
Jacke mit weiten Ärmeln und eine lange Hose, die schon an zwei
Stellen geflickt ist. Die Füße stecken in Halbschuhen, die an den
Spitzen bereits Löcher haben.
Im Wasser sieht man den Kopf eines Fisches. Es sieht aus, als
ob er den Angler auslachen wollte.

(Thomas Sch., 5. Schuljahr)

<u>ÜBUNGEN</u>

Die treffende Wortwahl

Weißt du, aus wieviel Wörtern unsere deutsche Sprache besteht? Ich weiß es auch nicht genau. Es sind viele tausend Wörter. Und immer noch kommen durch die Entwicklung der Technik neue Ausdrücke hinzu. Wörter wie Weltraumsonde, Kassettenrekorder oder Mikrowellenherd kannten deine Großeltern
noch nicht.

Aus diesem Wortreichtum müssen wir die treffendsten Ausdrücke auswählen. Da wir beim Schreiben mehr Zeit zum Überlegen haben als beim Sprechen, ist das auch möglich. Bei den Zeit-, Eigenschafts- und Namenwörtern gibt es so viele Ausdrücke mit ähnlicher oder sogar gleicher Bedeutung, daß wir nach dem passendsten Wort suchen müssen.

a) Wahl des treffenden Zeitwortes (Tu-, Tätigkeitswort, Verb)

Die Zusammenstellung mehrerer Wörter mit gleicher oder ähnlicher Bedeutung nennt man **Wortfeld**.
Hier ist das Wortfeld von „sehen": sehen, beobachten, erkennen, betrachten, blicken, blinzeln, gucken, gaffen, glotzen, entdecken, lugen, starren, schauen, erblicken, besichtigen, äugen, spähen, stieren, peilen , wahrnehmen, bemerken

Wähle von diesen Wörtern die passendsten für die folgenden Sätze aus! Achte aber darauf, daß jedes Wort nur einmal vorkommt!

Beim Versteckspiel

Alle Kinder hatten sich versteckt. Ich mußte suchen und mich überall um. Als ersten   ich Peter, weil seine blaue Mütze über dem Mäuerchen hinweg   . Dann   ich in den dunklen Kellergang. Hier   ich Marianne. Kurz danach   ich, wie sich Zweige eines Strauches auffällig bewegten. Dabei   ich, wie Holger durch die Blätter   . Ganz enttäuscht   er mich an. Er hatte nicht geglaubt, daß ich ihn hinter dem Gebüsch   hätte. Nun hatte ich alle gefunden.

91

Setze auch „ansehen, betrachten, blinzeln, spähen, stieren, wahrnehmen" richtig in folgende Sätze ein!

Wenn mich die Sonne blendet, muß ich   .
Der Jäger   vom Hochsitz aus nach Wild.
Mit meinen Freunden   ich unsere Briefmarkensammlungen.
Im Zimmer war es so dunkel, daß ich nichts   konnte.
Wie geistesabwesend   der Mann auf das Bild an der gegenüberliegenden Wand.
Morgen wollen wir uns im Zirkus die Vorstellung   .

Wortfeld „laufen"
Ordne die vielen Ausdrücke für „laufen" von langsamen bis ganz schnellen Bewegungen!

gehen, eilen, schreiten, jagen, wandern, trödeln, flitzen, stampfen, stolzieren, trampeln, schleichen, laufen, spazieren, humpeln, tapsen, hetzen, rasen, torkeln, tappen, hinken, waten, tippeln, sausen, nachsetzen, verfolgen, rennen, wanken, joggen, marschieren

Außerdem kannst du einmal leises und ganz lautes Gehen getrennt voneinander aufschreiben! (schleichen ... trampeln ...)

Die vielen Tätigkeiten einer Mutter
Mütter haben täglich soviel zu tun, daß man alle ihre verschiedenen Tätigkeiten aufschreiben sollte.
Versuche, recht viele Zeitwörter, die die Arbeiten der Mutter wiedergeben, aufzuschreiben. Wenn du innerhalb von 10 Minuten 15 oder mehr Zeitwörter findest, bist du Spitze!
Guten Erfolg!

Bilde danach aus diesen Wörtern Sätze, die du zu einem kleinen Aufsatz über Mutters Arbeitstag zusammenbauen sollst.

(Beispiel Seite 120!)

Ausdruckswechsel ist ganz wichtig

Da es von manchen Zeitwörtern mehrere mit ähnlicher Bedeutung zur Auswahl gibt, müssen wir vermeiden, daß wir das gleiche Wort öfter in aufeinanderfolgenden Sätzen gebrauchen. Unser Aufsatz würde sonst recht langweilig, wie du im folgenden Beispiel selbst merken kannst.

Irmgards Morgenbeschäftigung

Heute mußte Mutter schon sehr früh die Wohnung verlassen. Rechtzeitig machte sich Irmgard fertig. Dann machte sie sich die Butterbrote und machte die Milch warm. Nach dem Frühstück machte Irmgard noch rasch die Betten. Sie vergaß auch nicht, die Fenster zuzumachen. Dann machte sie sich auf den Weg zur Schule.

Hier wird zuviel „gemacht".

Irmgard ist bestimmt ein fleißiges Mädchen. Aber ihre Sätze wären ohne das Wort „machen" bedeutend besser.
Setze dafür Zeitwörter ein, die besser klingen!
Ebenso in den folgenden Sätzen:

Damit will ich Mutter eine Freude machen.
Soll ich die Tür zumachen und das Fenster aufmachen?

Heute abend will Vater mir den Fahrradschlauch ganzmachen.

Ich muß noch meine Schularbeiten für morgen machen.

Peter ist dabei, die staubigen Fußballschuhe sauberzumachen.

Bevor wir weiterfahren, müssen wir noch an der Post haltmachen.

Soll ich dir den stumpfen Bleistift spitzer machen?

Pünktlich zu den Abendnachrichten machen wir das Fernsehen an.

Ilse hat schon die Kerze in der Martinsfackel angemacht.

Mutter macht in der Küche das Abendessen.

Großvater will erst noch die Gartenarbeiten fertigmachen.

In der nächsten Woche soll mein Zimmer gemacht werden.

Onkel Ernst hat sein Auto machen lassen.

Am Sonntag haben wir einen Ausflug in die Lüneburger Heide gemacht.

Für den Weihnachtsbaum haben wir Strohsterne gemacht.

Diesen Pullover hat meine Oma selbst gemacht.

Gisela hat wieder ein lustiges Bild gemacht.

Er hat keine Äpfel von diesem Baum abgemacht.

(Lösungen auf Seite 121!)

Hier wird zuviel „gegangen"

Wenn ich zur Schule gehe, gehe ich zuerst an unserer Kirche vorbei. Dann muß ich über einige verkehrsreiche Straßen gehen. Manchmal muß ich sehr schnell gehen, weil es schon spät ist.

Für „gehen" gibt es viele treffendere Ausdrücke, die du gebrauchen kannst. Sie stehen hier aber an der falschen Stelle. Du kannst bestimmt diese Wörter richtig auswechseln!

Ein Marienkäfer stampft mir über die Hand.
Der große Braunbär tastet in seinem Käfig umher.
Sanitäter verfolgen den Verunglückten bis zum Krankenwagen.
Zwei Betrunkene schreiten gröhlend durch die nächtlichen
Straßen.
Der blinde Mann eilt an der Häuserwand entlang.
Ein Polizeibeamter schleppt den fliehenden Dieb.
Der Jagdhund wandert hinter dem Hasen her.
Einige Reisende bummelten zum abfahrbereiten Zug.
Elefanten schlichen durch das Dickicht.
Eine Katze torkelt über das Garagendach.
Nach der Schule krabbelten wir gemächlich durch die Fußgän-
gerzone.
Kraniche und Reiher tappen würdevoll durch das Vogelgehege
unseres Zoos.
Drei Stunden lang hetzten wir frohgemut bis zum Chiemsee.
Nach der Hochwasserkatastrophe mußten die Bewohner durch
das kniehohe Wasser spazieren.
Weil es schon spät war, humpelten wir nach Hause.
Bei dem sonnigen Wetter wateten viele Leute durch den Stadt-
wald.
Mit schmerzverzerrtem Gesicht rannte der verletzte Spieler vom
Fußballfeld.
Ein Wiesel stieg über den Waldweg.
Bei günstiger Witterung hoppelten wir bis zum Gipfel.
Einige noch ganz junge Häschen huschten geruhsam auf der
sonnigen Wiese.

Na, hast du es geschafft? Dann schaue dir die Lösungen auf
Seite 122 an!)

Als ich einmal krank war

Vor einiger Zeit mußte ich zum Arzt. Zuerst mußte ich den Oberkörper freimachen. Dann mußte ich tief durchatmen. Anschließend mußte ich kräftig husten. Dabei hat der Arzt meine Lunge
abgehört. Danach mußte ich die Zunge zeigen.

Das ist der Anfang des Aufsatzes von Elke aus dem 3. Schuljahr.
Du merkst bestimmt, daß darin das Wort "mußte" zu häufig
vorkommt. Verändere die Sätze und beseitige diesen Mangel!
(Lösungsbeispiel Seite 123!)

Zeitwörter statt Hilfswörter
Zeitwörter (Verben) sind aussagekräftiger und klingen besser als
die Formen des Hilfszeitwortes (Hilfsverb) „sein", wie du aus
dem folgenden Beispiel ersehen kannst.

Am Badesee
Gegen Mittag waren wir mit unseren Rädern am Badesee. Im
Wasser waren schon viele Kinder. Schnell waren wir auch drin.
Es war sehr schön. Wir waren bis zum späten Nachmittag dort
und waren erst zum Abendbrot wieder zu Hause.

Bedeutend besser:
Gegen Mittag erreichten wir mit unseren Rädern den Badesee.
Im Wasser schwammen schon viele Kinder. Schnell sprangen
wir auch hinein. Es gefiel uns sehr gut. Bis zum späten Nachmit-
tag blieben wir dort und kamen erst zum Abendbrot wieder nach
Hause.

Tausche die Zeitformen „sein" gegen Zeitwörter! Achte dabei auf die in den Sätzen angegebene Zeit!

In diesem Sommer waren wir drei Wochen am Vierwaldstätter See.

Der Wermuttee ist sehr bitter.

Wir waren schon lange an der Haltestelle, bevor der Bus kam.

Die Zeitung war im Briefkasten.

Meine Schwester ist gestern noch um neun Uhr im Bett gewesen.

Holger ist mit seinem Mofa schneller als wir mit der Straßenbahn.

Plötzlich waren die Flutlichtlampen aus.

Auf den Plätzen neben mir war niemand.

Fast die ganze Nacht ist das Radio angewesen.

Das letzte Spiel unserer Mannschaft war unentschieden.

Auf dem großen Teich waren viele Enten und Möwen.

In dem Hochhaus sind fast dreißig Familien.

Bei uns war gestern ein schweres Gewitter.

Ein Heißluftballon ist dicht über dem Wald.

Nach langer Wanderung waren wir abends in der Jugendherberge.

An der Hecke am Waldrand waren viele schwarze Brombeeren.

Eine Menge Menschen war vor dem Eingang, um in den Saal zu kommen.

Ich war bis zum Abend bei Großmutters Geburtstag.

Wann ist das nächste Fußballländerspiel?

Auf meiner Geburtstagstorte waren zehn Kerzen.

In einigen Sätzen gibt es zwei Möglichkeiten.

(Lösungen auf Seite 123!)

Zusammengesetzte Zeitwörter (Verben)

Die Verwendung zusammengesetzter Zeitwörter ist für das sprachliche Verständnis oft notwendig, wie es im folgenden Text der Fall ist.

Die kleine Parklücke

Vater fuhr mit seinem Wagen zur nahen Großstadt, weil er dort einiges einkaufen wollte. Er mußte lange in der Stadtmitte fahren, bis er eine Möglichkeit zum Parken fand. Endlich fand er eine kleine Parklücke. Da wollte er fahren. Doch das war nicht einfach, denn er wollte mit keinem der anderen Wagen fahren. Zuerst mußte er ein Stück fahren und dann wieder etwas fahren. Schließlich hatte er seinen Wagen in die Lücke gesteuert. Jetzt konnte Vater seine Besorgungen erledigen. In einer Stunde wollte er wieder fahren.

Das einfache Zeitwort „fahren" ist nicht klar genug. Erst die Zusammensetzungen umherfahren, hineinfahren, zusammenfahren, vorfahren, zurückfahren, abfahren geben den erforderlichen Sinn.
Setze beim Abschreiben des Textes „Die kleine Parklücke" diese zusammengesetzten Zeitwörter ein! Suche noch andere Zusammensetzungen zu „fahren" und bilde damit Sätze!

Sammle alle möglichen Zusammensetzungen mit „gehen, schreiben, sehen"! Dabei wirst du feststellen, daß die mit Vorsilben (be-, ent-, er-, ver-, zer-) verbundenen Zeitwörter im Gegensatz zu den übrigen Zusammensetzungen untrennbar verbunden sind. (Beispiel: Die Zeit vergeht rasch. - Wir gehen fort.)

(Siehe Seite 124!)

Aber diese Zusammensetzungen sind sehr schlecht:

Manfred ist laufengegangen.
Fast wäre mein Hut fliegengegangen.

Besser:

Manfred ist weggelaufen (fortgelaufen).
Fast wäre mein Hut weggeflogen (fortgeflogen).

Hier ist einiges durcheinandergeweht worden.
Der Wind treibt Luftballons, wirbelt Staub auf, knickt Bäume um, läßt Fahnen wehen, wirft Mauern um, läßt Schiffe kentern, trocknet die Wäsche auf der Leine, bricht Masten um, dreht die Wetterfahnen, deckt Dächer ab, verjagt die Wolken, reinigt die Autos und trocknet die Pfützen auf der Straße.
Der heftige Sturm in der vorigen Woche hat sogar Zweige bewegt, unsre Antenne abgebrochen, Blätter vom Baum geweht, meine Haare zerzaust, unseren Kirchturm beschädigt, ein Baugerüst umgestürzt, Zelte eingerissen, einen Waldbrand gelöscht, Berge verschoben, Papierfetzen durch die Luft gewirbelt, dem Opa den Hut vom Kopf gerissen und die Elefanten im Zoo hochgehoben.

Neben ein paar Unmöglichkeiten sind einige Tätigkeiten von Wind und Sturm durcheinandergeraten. Du kannst bestimmt Ordnung schaffen!
(Siehe Seite 124!)

b) Die Bedeutung der Eigenschaftswörter (Wiewörter, Adjektive)

Eigenschaftswörter machen alles anschaulicher und besser vorstellbar. Daher sind sie für einen guten Aufsatz sehr wichtig. Sie sagen uns, wie etwas ist.
Das half auch dem neunjährigen Arno. In seinem Ferienort hatte er unterwegs irgendwo seinen Pullover abgelegt. Doch er konnte ihn nicht wiederfinden. Deshalb ging er am nächsten Tage zum dortigen Fundamt. Hier mußte er seinen Pullover genau beschreiben. Er sagte: „Mein Pullover ist blau. Er hat lange, weite Ärmel und einen runden Halsausschnitt. Auf der vorderen Seite sind gelbe und rote Streifen. Mein Pullover ist sehr dick und warm." Arno hatte Glück. Jemand hatte den Pullover auf einer Parkbank gefunden.

Unterstreiche alle Eigenschaftswörter, die dir sagen, wie der Pullover aussieht! Kannst du ihn malen?

Setze die Reihe treffender Eigenschaftswörter fort!

Der Mantel ist lang, kariert,_____

Der Wagen ist neu, gelb,_____

Der Film ist langweilig, lustig,_____

Die Vase ist hoch, schlank,_____

Das Paket ist schwer, beschädigt,_____

Der Baum ist kahl, abgebrochen,_____

Du kannst die Eigenschaftswörter auch vor die Namenwörter stellen und schreiben: der lange Mantel, der karierte Mantel, ... der neue Wagen, der gelbe Wagen, ...

Eigenschaftswörter können aber auch ausdrücken, wie etwas geschieht. Dann sind sie eine nähere Bestimmung für das Zeitwort.

Der Junge schläft fest und schnarcht laut.
Mein Vater fährt mit seinem Wagen schnell und sicher.
Der verletzte Spieler humpelt langsam vom Spielfeld.
Meine Freundin liest sehr gut und schreibt fehlerfrei.

Bilde ähnliche Sätze aus den folgenden Wortgruppen:
schnell sprechen - richtig rechnen - schwer arbeiten - sauber zeichnen - rasch anziehen - sicher schwimmen - schlecht hören - froh wandern

In den folgenden beiden Texten sind alle Eigenschaftswörter durcheinandergeraten. Kannst du Ordnung schaffen, indem du diese Wörter gegenseitig austauschst?

Butterbrot für den Schulhof

Die Pause ist zu Ende. Die Kinder gehen wieder in ihre Klassen. Nur die grüne Petra leckt noch an einem zehnjährigen, raschen Lutscher. In der anderen Hand hält sie ihr Butterbrot. Es ist noch eingepackt. Petra glaubt sich ganz unbeobachtet. Plötzlich wirft sie ihr Frühstücksbrot mit staubiger Handbewegung auf den naschhaften Schulhof. Doch die klebrige Lehrerin hat es bemerkt und schimpft: „Petra, schämst du dich nicht? Weißt du denn nicht, daß in anderen Ländern täglich Kinder verhungern?" mit kleinem Gesicht bückt sich das aufmerksame Mädchen und hebt das schamrote Päckchen auf.

Die Schafherde

Alter Wind weht über die flinken Felder. Viele spitze Schafe
suchen auf dem wolligen Stoppelfeld kaltes Gras und liebevollen
Klee. Zwei feste Hunde umkreisen die frische Herde. Mit ihren
saftigen Ohren und den kahlen Augen passen sie auf, daß sich
kein Tier von der Herde entfernt. Der kleine Schäfer steht dabei
und stützt sich auf einen gemütlichen Stock. Er hat seinen scharfen Mantel umgehängt und raucht sein weites Pfeifchen. Mit
großem, gelbem Blick schaut er auf seine Tiere.
(Für beide Texte findest du die Lösungen auf Seite 125!)

Eigenschaftswörter bei Vergleichen

Beim Vergleichen von Personen oder sonstigen Lebewesen,
von Leistungen oder Gegenständen können sich Gleichheiten
oder Unterschiede ergeben. Eigenschaftswörter bringen das in
ihren verschiedenen Stufen zum Ausdruck:

Grundstufe	Steigerung	Höchststufe
lang	länger	am längsten
schnell	schneller	am schnellsten
fleißig	fleißiger	am fleißigsten
gemütlich	gemütlicher	am gemütlichsten
gut	besser	am besten

Einige Eigenschaftswörter gibt es wegen ihres Bedeutungsin-
haltes nur in der Grundstufe:
tot, lebendig, taub, voll, leer, blind, mündlich, schriftlich, vierek-
kig, essigsauer, zuckersüß, butterweich, feuerrot und viele andere zusammengesetzte Eigenschaftswörter.

Kommt bei Vergleichen das Eigenschaftswort in der Grundstufe vor, wird es immer mit dem Wörtchen „wie" verbunden, steht das Eigenschaftswort in der Steigerungsstufe, folgt das Wörtchen „als".

Vergleiche in der Grundstufe	Vergleiche in der Steigerungsstufe
Peter springt genau so hoch wie Gerd.	Holger springt höher als Peter.
Ingo ist so alt wie Kathi.	Aber Ingo ist älter als sein Bruder.
Heute ist es nicht so kalt wie gestern.	In der Eifel ist es kälter als hier.
Irmas Zeugnis war genau so gut wie das von Helga	Ihre Leistungen waren besser als im vergangenen Jahr.

Setze in die folgenden Satzlücken „als" oder „wie" ein!

Mutter ist jünger   Vater. - Mein Mantel ist genau so warm   deiner. Der Rhein ist nicht so lang   die Donau. - Veilchen riechen besser   Vergißmeinnicht. - Dieses Buch ist nicht so lustig   meins. - Die Zugspitze ist höher   der Watzmann. - Das Wetter heute war so schön   gestern. - Das Licht ist schneller   der Schall. - Resi spielt mit Mia genau so gern   mit Steffi.

(Siehe Seite 125!)

Kannst Du reimen?

Setze die unten aufgeführten Eigenschaftswörter sinnvoll an die Zeilenenden, damit Reime entstehen!

Das sind die Eigenschaftswörter (alphabetisch geordnet: bang, breit, bunt, dumm, fett, flach, froh, glatt, hell, klein, krank, krumm, lang, naß, nett, recht, reich, rein, roh, rund, satt, schlank, schlecht, schwach, schnell, weich, weit.

Wer nicht traurig ist, ist ....
Was nicht gekocht ist, das ist ....
Wer nicht schlau ist, der ist ....
Was nicht grad ist, das ist ....
Wer nicht hungrig ist, ist ....
Was nicht rauh ist, das ist ....
Was nicht eckig ist, ist ....
Was nicht weiß ist, das ist ......
Wer nicht groß ist, der ist ....
Was nicht schmutzig ist, ist ....
Wer nicht arm ist, der ist ....
Was nicht hart ist, das ist ....
Was nicht eng ist, das ist ....
Was nicht schmal ist, das ist ....
Wer nicht gesund ist, der ist ....
Wer nicht dick ist, der ist ....
Was nicht tief ist, das ist ....
Wer nicht stark ist, der ist ....
Was nicht kurz ist, das ist ....
Wer nicht mutig ist, ist ....
Wer nicht langsam fährt, fährt ....
Wo es nicht dunkel ist, ist's ....
Was nicht gut ist, das ist ....

Was nicht falsch ist, ist ....
Wer nicht ärgert, der ist ....
Was nicht mager ist, ist ....
Was nicht trocken ist, ist ....

Beim Reimen wünsch ich dir viel Spaß.

Schreibe das Gegenteil zu den angegebenen Eigenschaftswörtern! In vielen Fällen brauchst du nur die Silbe "un-" davorzusetzen.
schmutzig, bekannt, freundlich, langsam, eng, gesund, stark, traurig, bequem, arm, glücklich, breit, hoch, sicher, geschickt, dick, genießbar, laut, ruhig, hungrig, scharf, angenehm, naß, schwer, dunkel, wahr, treu.
Zu manchen Eigenschaftswörtern kannst du mehrere gegenteilige Ausdrücke finden.

(Siehe Seite 125!)

Mein Geburtstag

Gestern hatte ich Geburtstag. Da bekam ich allerlei schöne Sachen. Mutti schenkte mir einen schönen Mantel für den Winter und Vati ein schönes Fahrrad mit Dreigangschaltung. Die Großeltern hatten mir Geld geschickt. Davon will ich mir ein paar schöne Kleidchen für meine Puppe kaufen. Zum Geburtstagskaffee durfte ich Melanie, Christel und Elfi einladen. Von ihnen erhielt ich Pralinen, ein Fotoalbum und ein schönes Buch vom Räuber Hotzenplotz. Mutti hatte einen schönen Kuchen gebakken, den wir bis zum letzten Stück aufaßen. Danach haben wir allerlei lustige Spiele gemacht. Das war ein sehr schöner Nachmittag.

In dieser Geschichte stört das so häufig enthaltene Eigenschaftswort „schön". Beseitige diese Wiederholungen durch
Einsetzen passender Wörter!.

(Lösung Seite 125!)

Führe die Reihen passender Eigenschaftswörter bei Vermeidung
des Wortes "schön" fort! Wenn du für jede Zeile mehr als drei
Wörter findest, bist du prima!

Wohnung: geräumig, sonnig, _____

Tisch: ausziehbar, schwer, _____

Jacke: gefüttert, gemustert, _____

Schuhe: eng, geputzt, _____

Apfel: rotbackig, unreif, _____

Lehrer: nett, streng, _____

Suppe: versalzen, schmackhaft, _____

Fleisch: mager, gebraten, _____

Hund: anhänglich, verspielt, _____

Wetter: sonnig, naßkalt, _____

(Siehe Seite 126!)

Zusammengesetzte Eigenschaftswörter (Adjektive)

Das kann man kürzer sagen:

sauer wie Essig	lang wie eine Elle	hart wie Stahl
grau wie eine Maus	flink wie ein Wiesel	schnell wie ein Blitz
rot wie Feuer	klar wie Glas	kalt wie Eis

schwarz wie Pech	stark wie ein Bär	hoch wie ein Haus
breit wie ein Finger	weiß wie Schnee	weich wie Butter
süß wie Zucker	leicht wie eine Feder	schwer wie ein Zentner

Schreibe: essigsauer, stahlhart, ...

Hierbei verbinden Eigenschafts- und Namenwörter zu einem zusammengesetzten Eigenschaftswort. Daher die Kleinschreibung! Solche Zusammensetzungen geben uns eine bildhafte Vorstellung durch die Vergleiche. Sie tragen mit dazu bei, daß die Ausdrucksweise in deinem Aufsatz gut und klar wird.

Mit zusammengesetzten Eigenschaftswörtern (Adjektiven) kann man Gegenstände oder Lebewesen besonders genau beschreiben. Das gilt vor allem von Farbangaben, wie das nebenstehende Beispiel beweist.

	ungestempelt	gestempelt
3 Pf graubraun	200,–	4,–
3 Pf gelbbraun	10,–	1,–
5 Pf grün	3,–	–,25
10 Pf ziegelrot	5,–	–,25
50 Pf braunrot	1750,–	100,–
50 Pf rotbraun	900,–	40,–
50 Pf rosabraun	90,–	7,–
50 Pf lilabraun	40,–	–,30

Klaus ist ein leidenschaftlicher Briefmarkensammler. Neulich bekam er eine alte deutsche Marke. Es war eine gestempelte braune 50-Pfennig Marke aus dem Jahre 1889. Seine Freude war riesengroß, denn er wußte, daß so alte Marken sehr teuer sind. Neugierig schaute er sofort in seinem Briefmarkenkatalog nach. Aber hier fand er vier 50-Pfennig Marken mit verschiedenen Farbtönen und sehr unterschiedlichen Preisangaben. „Das ist sicherlich die billige lilabraune Marke", dachte Klaus etwas enttäuscht. Zur Sicherheit wollte Vater ihm eine Tabelle mit Farbmustern besorgen, womit man alle Farbtöne bestimmen kann.
Außer den 50-Pfennig Marken haben auch die 3-Pfennig Marken verschiedene Farbangaben. Aus dem Grundwort geht bei allen

hervor, daß es sich um braune Marken handelt mit Ausnahme der teuersten 50-Pfennig Marke, die die Grundfarbe "rot" hat. Das Bestimmungswort ist der erste Teil der Zusammensetzung und gibt den genaueren Farbton an, es bestimmt die Farbe genauer.

Verwende die folgenden Wörter als Bestimmungswörter für Farbbezeichnungen. Schokolade, Wein, rosa, Gras, Schnee, Maus, Himmel, Orange, Kaffee, Krebs, Zitrone, Ziegel, See, Veilchen, Schwefel!
In den folgenden Sätzen ist einiges durcheinandergeraten. Kannst du Ordnung schaffen?

Auf mehreren Autobahnen hatten sich wieselflinke Schlangen gebildet.
Mein Bruder hat gestern sternklare Kisten in den Keller getragen.
Ich sollte kilometerlange Tomaten kaufen.
Großvater muß täglich zentnerschwere Tropfen schlucken.
Gerd war früher ein spiegelglatter Läufer.
In schnittfesten Nächten sinkt die Temperatur im Winter unter den Nullpunkt.
Hellblondes Eis bedeckte den Teich seit Tagen.
Irene hat ihre gallebitteren Haare färben lassen.

(Lösungen auf Seite 127!)

c) Die Namenwörter (Hauptwörter, Substantive)

Namenwörter haben für die Sprache eine große Bedeutung, denn sie benennen alles, was es auf der Welt gibt. Ohne Namenswörter fehlt den Sätzen die nötige Klarheit, wie du am folgenden Beispiel siehst.

Ich habe ihn nicht mehr gesehen, weil ich ihr noch länger helfen mußte und er sehr zeitig weggefahren ist.
Wen hat er nicht mehr gesehen? Den Vater? Den Freund? Den Onkel? Den Bruder?
Wem hat sie geholfen? Der Mutter? Der Tante? Der alten Frau?

Melanie hat zum Geburtstag einen Fotoapparat geschenkt bekommen. Damit will sie heute im Zoo Aufnahmen machen.

Schreibe auf, was sie alles für Tiere aufnehmen kann! Hast du mehr als 20 Tiere gefunden? Unterstreiche danach alle Raubtierarten!
Aber hier stimmt etwas nicht! Kannst du dieses Durcheinander ordnen?
Denn so hat Melanie den Zoo bestimmt nicht erlebt.

schnatternde Löwen	krähende Affen
kletternde Schildkröten	brüllende Schwalben
schwimmende Papageien	meckernde Hasen
tappende Ziegen	stampfende Hähne
galoppierende Kinder	stolzierende Bären
wiederkäuende Störche	hüpfende Elefanten
reitende Pferde	kriechende Kraniche
hoppelnde Seehunde	sprechende Känguruhs
zwitschernde Enten	klappernde Kamele

Die vor den Namenwörtern stehenden Eigenschaftswörter mußt du sinnvoll auswechseln. Das, was zusammenpaßt, kannst du durchstreichen. So bekommst du einen besseren Überblick. Auf Seite 127 kannst du überprüfen, ob dir das Auswechseln gelungen ist.

Hierbei handelt es sich um eine besondere Art von Wörtern, die als Eigenschaftswörter vorangestellt sind. Sie sind aus Zeitwörtern (schnattern, krähen, reiten, ...) gebildet. Sie sind also ein Mittelding zwischen Eigenschafts- und Zeitwörtern. Deshalb nennt man sie **„Mittelwörter"**. In den späteren Schuljahren hörst du noch mehr von dieser Wortgruppe.

Lustige Spiele mit Namenwörtern

Namenwort-Olympiade

Wenn du wegen des schlechten Wetters nicht draußen spielen willst, kannst du mit Geschwistern oder Kindern deiner Klasse eine Wort-Olympiade veranstalten.

Dabei besteht die Aufgabe darin, innerhalb einer bestimmten Zeit (etwa 10 Minuten) alles aufzuschreiben, was es in einem Dorf zu sehen gibt. Wer dann am Schluß die meisten Wörter gefunden hat, ist Olympiasieger.

Du kannst natürlich auch andere Sachgebiete wählen (Stadt, Wochenmarkt, Schule, Spielsachen, ...).

Zusammensetzspiel

Steffi und Ulrike sitzen sich am Tisch gegenüber und haben vor sich je einen Zettel liegen. Steffi schreibt 10 oder mehr Eigenschaftswörter untereinander und ihre Freundin gleichviel, wie du es im Beispiel siehst.

Steffis Zettel:	Ulrikes Zettel:
zentnerschwer	Kanarienvogel
eckig	Kaninchen
hinterlistig	Eis
quergestreift	Mond
grün	Schneemann
salzig	Hemd
wütend	Postkarte
müde	Schwimmbad

Daraus bauen sich danach lustige Sätze, indem sie in der Reihenfolge der aufgeschriebenen Wörter Satzanfänge hinzufügen. So können Sätze entstehen wie: Ich habe einen zentnerschweren Kanarienvogel. Ich habe ein eckiges Kaninchen. Ich habe ...

Stichwörter suchen - Was fällt dir dazu ein?
Sucht euch gemeinsam ein Namenwort aus und schreibt alles auf, was dazu paßt. Wer nach einer bestimmten Zeit die meisten Wörter gefunden hat, ist Sieger. Hier sind zwei Beispiele:

„Goldfisch": Aquarium, Flossen, Fischfutter, Wasser, schwimmen, ...
„Dackel": Halsband, bellen, frech, Schwanz, Leine, Schnauze, Körbchen, beißen, spielen, lange Ohren, krumme Beine, Knochen, Schappi, ...

Auch zusammengesetzte Namenwörter (Substantive) geben dem Leser eines Aufsatzes eine bessere Vorstellung als einfache Wörter. Dazu folgendes Beispiel:

Nach Feierabend findet Herr Schneider einen Zettel auf dem Küchentisch, den seine Frau geschrieben hat.

„Schmiere bitte die Tür, sie quietscht. Ich muß Tante Marie versorgen, die krank ist. Ich komme erst zum Abend zurück. Gruß Hilde

Da Herr Schneider nicht weiß, welche Tür gemeint ist, probiert er alle Türen im Haus aus, die Haustür, die Küchentür, die Schlafzimmertür, die Wohnzimmertür, ... Dann merkt er endlich, daß die Tür des Küchenschrankes quietscht und beseitigt den Mangel.

Auch der folgende Satz läßt keine klare Vorstellung zu: Sie nahm das Buch aus der Tasche und legte es auf den Tisch.
Schreibe zu jeder Reihe wenigstens noch fünf zusammengesetzte Namenwörter.

Tasche, Einkaufstasche, _____

Buch, Sparbuch, _____

Tisch, Ausziehtisch, _____

Haus, Schulhaus, _____

Bahn, Laufbahn, _____

Wagen, Schlafwagen, _____

(Lösungen auf Seite 127!)

Bezeichne im Aufsatz alle Dinge möglichst genau!

Füge in den folgenden Text die notwendigen zusammengesetzten Namenwörter ein!

Neu zugezogen

Müllers wohnen nun im 12. Stock eines Hauses. Gestern war schon der Wagen da. Auch Udo half beim Laden und trug vorsichtig die schönen Töpfe auf die Bänke. Gut, daß man alle

Sachen schnell mit dem Zug nach oben schaffen konnte. Im Zimmer sind bereits die Betten aufgestellt und der Schrank ist schon eingeräumt. Aber im Zimmer stehen noch viele Kisten und Möbel ungeordnet herum.

Gleich will Herr Müller zum Haus gehen, um sich im Amt anzumelden. Anschließend wird er sich im Amt um Arbeit bemühen. Udo ist im 3. Jahr und hat nur einen kurzen Weg. Seine kleine Schwester geht noch in den Garten. Hoffentlich werden sich alle bald im neuen Ort einleben.

(Siehe Seite 128!)

Grund- und Bestimmungswörter

Du hast bereits eine Menge verschiedenartiger Bücher aufgeschrieben. Dabei sind lauter zusammengesetzte Namenwörter entstanden. Der erste Teil dieser Wörter sagt dir, um was es sich für eine Art Buch handelt. Es bestimmt das Buch genauer. Deshalb nennt man den ersten Teil der Zusammensetzung **Bestimmungswort,** den zweiten Teil **Grundwort,** weil es sich grundsätzlich um ein Buch handelt. „Buch" kann aber auch der erste Bestandteil eines zusammengesetzten Namenwortes sein. Buchhandlung, Buchpreis, Buchdrucker, Buchtitel, Buchbinder, Buchseite, ...

Hierbei ist „Buch" Bestimmungswort für die an zweiter Stelle stehenden Grundwörter.

Verwende das Wort „Spiel" als Grund- und als Bestimmungswort für möglichst viele Zusammensetzungen! Dabei sind auch mehrfache zusammengesetzte Namenwörter möglich: Tischtennisspiel, Hallenhandballspiel. In diesen Fällen ist das Bestimmungswort mehrteilig (Tisch-Tennis, Hallen-Hand-Ball)

(Siehe Seite 128!)

Allerlei Häuser und Türme zu bauen

Die folgenden alphabetisch geordneten Wörter kannst du entweder mit „Haus" oder „Turm" zusammensetzen.
Aussichts, Burg, drehen, Fachwerk, Ferien, Fernsehen, Festung, Forst, Funk, Gast, Geburt, Geschäft, Giebel, Glas, Glocken, hoch, Holz, kaufen, Kirche, leuchten, Mutter, Nachbar, Rat, Reihen, Schloß, Sprung, Vater, Wacht, Wasser, wohnen

Dominospiel mit Wörtern

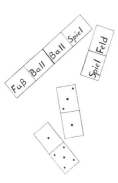

Hast du schon gewußt, daß du auch mit Wörtern Domino spielen kannst? Genauso wie du beim Dominospiel Steine, die durch ihre Augenzahl aneinanderpassen, zu langen Reihen zusammenlegst, kannst du das auch mit Wörtern machen, indem das Grundwort immer Bestimmungswort der nachfolgenden Zusammensetzung wird.

Pulverschnee, Schneeball, ... Kühlschrank, Schranktür, ... Stadtpark, Parkplatz, ... Erdbeeren, Beerenstrauch, ...

Versuche, auf diese Weise möglichst lange Wortreihen wie im Beispiel zu bilden!

Seehafen, Hafenstadt, Stadtrat, Rathaus, Haustür, Türschloß, Schloßhof, Hofmusik, Musikfest, Festzug, Zugluft, Luftballon, Ballonstart, Startplatz, Platzkonzert, Konzertsaal, Saalbau, Baustein, Steinbruch, Bruchstück, Stückwerk, Werkbank, Banknoten, Notenheft, Heftpflaster, ...

Wortdominos kannst du auch als Wettspiele durchführen. Wer die meisten zusammenpassenden Wörter aneinandergereiht hat, ist Sieger.

d) Fürwörter (Pronomen)

Wie gut, daß es Fürwörter gibt! Diese kurzen Wörtchen können im Aufsatz eine wichtige Rolle spielen, wie das folgende Beispiel zeigt.

Mutter hat viel Arbeit

Die Mutter hat täglich eine Menge zu tun. Schon früh hat die Mutter alle Wohnräume geputzt. Jetzt sind die Wohnräume wieder blitzblank. Mit dem neuen Staubsauger ging das flott. Nun steht der Staubsauger wieder an seinem Platz im Besenschrank. Auch die Wäsche ist sauber gewaschen. Die Wäsche hängt bereits auf dem Balkon zum Trocknen.
Nun muß die Mutter in der Küche das Mittagessen vorbereiten. Auf dem Tisch liegen noch viele Mohrrüben und ein Kopf Salat. Der Salat wird zuerst gewaschen. Die Kartoffeln sind schon geschält und stehen auf dem Herd. Neben dem Herd hat Mutter die Bratpfanne mit einem großen Stück Fleisch hingestellt. Das Fleisch wird gleich gebraten.
Bald kommt der Vater nach Hause. Der Vater hat nur eine kurze Mittagspause und will dann pünktlich essen. Auch die Kinder werden bald aus der Schule zurückkommen. Dann haben die Kinder Hunger. So sorgt die Mutter jeden Tag liebevoll für ihre Familie.

Das wäre ein schlechter Aufsatz, denn in aufeinanderfolgenden Sätzen wiederholen sich die Namenwörter. In solchen Fällen helfen Fürwörter, die man für die Namenwörter einsetzt.Versuche das einmal! Du wirst feststellen, daß dann dieser Aufsatz recht ordentlich klingt.

Verbessere so: Die Mutter hat täglich eine Menge zu tun. Schon früh hat sie ...

Fürwörter stehen aber nicht nur im 1. Fall wie hier im Aufsatz. Sie nehmen die gleichen Fälle an wie die Namenwörter, für die sie eingesetzt werden.

Beispiel: Auf der Straße sehe ich einige Klassenkameraden.
Ich will mit den Klassenkameraden (3. Fall - mit wem?) spielen.
Ich will mit ihnen (3. Fall - mit wem?) spielen.
Ich rufe meine Klassenkameraden (4. Fall - wen?).
Ich rufe sie (4. Fall - wen?).

In den folgenden Sätzen sollst du in die Lücken die persönlichen Fürwörter im 3. oder 4. Fall einsetzen.

Mein Bruder hat eine starke Erkältung und muß im Bett bleiben. Der Arzt hat   Hustensaft und Tabletten verordnet. Ich laufe schnell für   zur Apotheke.
Meine Großeltern wohnen in Trier. Ich habe   sehr gern.
Deshalb fahre ich in den Ferien häufig zu   .
Ein kleines Kind lief unachtsam über die Straße. Beinahe hätte ein Lastwagen   angefahren. Gut, daß   nichts passiert ist.
Meine Schwester hat heute besonders viel Hausaufgaben auf. Ich helfe   deshalb dabei. Danach will ich   mit zum Schwimmbad nehmen.

(Lösungen Seite 130!)

Doch nicht immer geben die persönlichen Fürwörter den Sinnge-
halt eines Satzes genau wieder. Wie in den folgenden Beispielen
sind sogar Mißverständnisse möglich:

Die Mutter ruft Inge. Sie ist gerade vom Einkaufen zurückgekom-
men.
Wer war einkaufen, Mutter oder Inge? „Sie" kann sich auf Mutter
oder auf Inge beziehen.
Wolfgang traf Onkel Willi. Er war auf dem Sportplatz gewesen.
(Wer?)
Das Kind fragte das Mädchen nach dem Weg. Es hatte schwer
zu tragen.
Joachim und Sabine suchten ihre Eltern. Sie waren in der Stadt.

In solchen Fällen helfen die **bezüglichen Fürwörter der, die,
das.** Obwohl diese Fürwörter genauso aussehen wie die Geschlechtswörter, darfst du sie nicht mit ihnen verwechseln. Vor
den bezüglichen Fürwörtern steht immer ein Komma.

Jetzt sind keine Mißverständnisse mehr möglich:

Die Mutter, die gerade vom Einkaufen zurückgekommen ist, ruft
Inge.
Die Mutter ruft Inge, die gerade vom Einkaufen zurückgekom-
men ist.

Wolfgang, der auf dem Sportplatz gewesen war, traf Onkel Willi.
Wolfgang traf Onkel Willi, der auf dem Sportplatz gewesen war.

Das Kind, das schwer zu tragen hatte, fragt das Mädchen nach
dem Weg.
Das Kind, fragte das Mädchen nach dem Weg, das schwer zu
tragen hatte.

Joachim und Sabine, die in der Stadt waren, suchten ihre Eltern.
Joachim und Sabine suchten ihre Eltern, die in der Stadt waren.

Bilde mit den bezüglichen Fürwörtern Satzpaare wie in den
Beispielen und bringe Klarheit in die folgenden Sätze!

Gerd und Udo trafen zwei Klassenkameraden. Sie wollten ge-
rade zur Schule gehen.
Jürgen sah Peter. Er spielte vor der Turnhalle Fußball.
Annemie telefonierte mit Oma. Sie will morgen mit dem Zug
nach München fahren.
Vater sprach mit dem Radfahrer. Er hatte den Unfall beobachtet.

(Siehe Seite 131!)

e) Wortfamilien

Jeder Mensch gehört zu irgendeiner
Familie.
Hier siehst du die Familie Maier. Sie
besteht aus sechs Personen. Sie
haben alle denselben Familiennamen.
Nur im Vornamen unterscheiden sie
sich. Aber auch Wörter bilden Familien. Meist sind solche Wortfamilien
viel zahlreicher als die der Menschen.

Kennzeichen einer Wortfamilie ist derselbe Stamm. Durch Hinzufügen von Silben oder Wörtern und Umwandlung in andere
Wortarten werden neue Familienmitglieder geschaffen.

Beispiel: stellen (Stammwort) abstellen, anstellen, aufstellen,
ausstellen, bestellen, einstellen, entstellen, feststellen, fortstel-
len, nachstellen, verstellen, vorstellen, umstellen, zustellen,

zurückstellen, zusammenstellen, Stelle, Arbeitsstelle, Haltestelle, Poststelle, Stellung, Stellenangebot, Stellenplan, Abbe-
stellung, Anstellung, ... stellungslos, vierstellig

Manchmal kann sich aber auch der Wortstamm ändern. Doch
auch diese Wörter gehören zur Familie „stellen":
Stall, Kuhstall, Pferdeställe, Stalltür, Stallung, Anstalt, Badean-
stalt, Heilanstalt, Anstaltsleiter, Gestalt, Gestaltung

Aus diesem Beispiel, das du noch erweitern kannst, siehst du,
wie wortreich unsere Sprache ist.
Solche Wortfamilien kannst du auch leicht aufstellen. Du kannst
das auch als Wettspiel mit anderen machen. Wer dabei die
meisten richtigen Wörter gefunden hat, ist Sieger.
Versuche einmal die Wortfamilie „fahren" aufzustellen! Zu dieser
Familie gehören aber auch Wörter wie „Gefahr, Fährte, Fuhre,
Furt".
Du kannst auch mit anderen Kindern Wortfamilien als Wettbewerb
zusammenstellen. Sieger ist, wer die meisten Wörter gefunden
hat. Dabei wirst du staunen, wie wortreich unsere Sprache ist.
Als Beispiel findest du auf Seite 131 die Wortfamilie „fahren"
angegeben.
Hier findest du einen Teil der Wortfamilie „fallen" in alphabetischer Ordnung: fallen (Stammwort) abfallen, anfallen, auffallen,
ausfallen, befallen, durchfallen, einfallen, entfallen, fortfallen,
herabfallen, hinfallen, gefallen, mißfallen, überfallen, verfallen,
vorfallen, zufallen, zurückfallen; fällig, abfällig, auffällig, ausfällig,
hinfällig, gefällig, mißfällig, schwerfällig, überfällig, zufällig; Ge-
fälle; fällen, Holzfäller

Erweitere diese Wortfamilie durch Zusammensetzungen mit
"Fall"! Hast du dabei auch so viele gefunden, wie auf Seite 131
angegeben sind?

Lösungsteil

a) Wahl des treffenden Zeitwortes

Beim Versteckspiel

Möglichkeit des Einsetzens: sah - erblickte - guckte - schaute - erkannte - bemerkte - beobachtete - lugte - starrte - entdeckte

Wortfeld „sehen"

Möglichkeit des Einsetzens: blinzeln - späht - betrachte - wahrnehmen - stierte - ansehen

Mutters Tagewerk (Beispiel)

Schon am frühen Morgen beginnt Mutters Arbeitstag. Rechtzeitig wird das Frühstück vorbereitet, denn der Vater und die Kinder müssen pünktlich aus dem Haus. Danach bringt sie die Betten wieder in Ordnung und reinigt alle Räume gründlich. Dann beeilt sich Mutter mit dem Einkaufen, damit das Mittagessen vorbereitet und rechtzeitig fertig wird. Dafür gibt es viel zu tun: Kartoffeln schälen, Gemüse herrichten, Fleisch braten und Suppe kochen. Wenn Vater und die Kinder nach Hause kommen, haben sie meist großen Hunger. Pünktlich ist der Tisch gedeckt und die Wohnung blitzsauber. Am Nachmittag geht die Arbeit unvermindert weiter. Wäsche und Kleidungsstücke müssen ausgebessert werden. Da gibt es immer etwas zu nähen oder zu stopfen. An manchen Tagen putzt Mutter die Fenster, wäscht oder bügelt die Wäsche oder hilft bei den Schulaufgaben. Anschließend muß das Abendessen vorbereitet werden. Da staunen Vater und Kinder oft über das, was Mutter zu Hause alles schafft.

Ausdruckswechsel
(Bessere Zeitwörter für „machen")

Damit will ich Mutter erfreuen.

Soll ich die Tür schließen und das Fenster öffnen?
Heute abend will Vater mir den Fahrradschlauch flicken.
Ich muß noch meine Schularbeiten für morgen schreiben.
Peter ist dabei, die staubigen Fußballschuhe zu putzen (zu reinigen).
Bevor wir weiterfahren, müssen wir noch an der Post halten.
Soll ich dir den stumpfen Bleistift spitzen?
Pünktlich zu den Abendnachrichten schalten wir das Fernsehen ein.
Ilse hat schon die Kerze in der Martinsfackel angezündet.
Mutter bereitet in der Küche das Abendessen vor.
Großvater will erst noch die Gartenarbeiten beenden.
In der nächsten Woche soll mein Zimmer tapeziert (gestrichen) werden.
Onkel Ernst hat sein Auto reparieren lassen.
Am Sonntag haben wir einen Ausflug in die Lüneburger Heide unternommen.
Für den Weihnachtsbaum haben wir Strohsterne gebastelt (hergestellt, angefertigt).
Diesen Pullover hat meine Oma selbst gestrickt (gehäkelt).
Gisela hat wieder ein lustiges Bild gemalt (gezeichnet).
Er hat keine Äpfel von diesem Baum abgepflückt (geerntet).

Andere Zeitwörter für „gehen"

Ein Marienkäfer krabbelt mir über die Hand.
Der große Braunbär tappt in seinem Käfig umher.
Sanitäter schleppen den Verunglückten bis zum Krankenwagen.
Zwei Betrunkene torkeln gröhlend durch die nächtlichen Straßen.
Der blinde Mann tastet an der Häuserwand entlang.
Ein Polizeibeamter verfolgt den fliehenden Dieb.
Der Jagdhund hetzt hinter dem Hasen her.
Einige Reisende eilen zum abfahrbereiten Zug.
Elefanten stampfen durch das Dickicht.
Eine Katze schlich über das Garagendach.
Nach der Schule bummelten wir gemächlich durch die Fußgängerzone.
Kraniche und Reiher schreiten würdevoll durch das Vogelgehege unseres Zoos.
Drei Stunden lang wanderten wir frohgemut bis zum Chiemsee.
Nach der Hochwasserkatastrophe mußten die Bewohner durch das kniehohe Wasser waten.
Weil es schon spät war, rannten wir nach Hause.
Bei dem sonnigen Wetter spazierten viele Leute durch den Stadtwald.
Mit schmerzverzerrtem Gesicht humpelte der verletzte Spieler vom Fußballfeld.
Ein Wiesel huschte über den Waldweg.
Bei günstiger Witterung stiegen wir bis zum Gipfel.
Einige noch ganz junge Häschen hoppelten geruhsam auf der sonnigen Wiese.

Als ich einmal krank war (Änderungsvorschlag)

Vor einiger Zeit mußte ich zum Arzt. Zuerst sollte ich den Oberkörper freimachen und danach tief durchatmen. Dann wurde ich aufgefordert, kräftig zu husten. Dabei hat der Arzt meine Lunge abgehört. Nachher sollte ich die Zunge zeigen. Der ...

Zeitwörter anstelle von „sein"

In diesem Sommer verbrachten wir drei Wochen am Vierwaldstätter See.
Wir warteten (standen) schon lange an der Haltestelle, bevor der Bus kam.
Die Zeitung steckte im Briefkasten.
Meine Schwester hatte gestern noch um neun Uhr im Bett gelegen.
Holger fährt mit seinem Mofa schneller als wir mit der Straßenbahn.
Plötzlich verlöschten die Flutlichtlampen.
Auf den Plätzen neben mir saß niemand.
Fast die ganze Nacht hat das Radio gespielt.
Das letzte Spiel unserer Mannschaft endete unentschieden.
Auf dem großen Teich schwammen viele Enten und Möwen.
In dem Hochhaus wohnen fast dreißig Familien.
Bei uns tobte (wütete) gestern ein schweres Gewitter.
Ein Heißluftballon schwebt dicht über dem Wald.
Nach langer Wanderung erreichten wir abends die Jugendherberge.
Eine Menge Menschen drängte vor den Eingang, um in den Saal zu kommen.
Ich blieb bis zum Abend bei Großmutters Geburtstag.
Wann findet das nächste Fußballspiel statt?
Auf meiner Geburtstagstorte brannten zehn Kerzen.

Zusammengesetzte Zeitwörter

gehen:
ab-, an-, auf-, aus, be-, dazwischen-, durch-, ein-, ent-, er-, fort-, heim-, hin-, hinterher-, hervor-, hinüber-, mit-, nach-, um-, über-, ver-, vor-, vorwärts-, weg-, zu-, zurück-
schreiben:
ab-, an-, auf-, aus-, be-, durch-, ein-, hin-, mit-, nach-, nieder-, um-, über-, ver-, vor-
sehen:
ab-, an-, auf-, aus-, be-, durch-, ein-, entgegen-, her-, hin-, hinterher-, hinunter-, hinüber-, nach-, über-, um-, ver-, vor-, vorbei-, weg-, zu-

Durcheinandergeratene Tätigkeiten von Wind und Sturm:

Der Wind knickt Bäume um, wirft Mauern um, läßt Schiffe kentern, bricht Masten um, deckt Dächer ab. - Der Sturm hat sogar Zweige bewegt.
Unmöglichkeiten:
Der Wind reinigt die Autos. - Der Sturm hat einen Waldbrand gelöscht, Berge verschoben und Elefanten im Zoo hochgehoben.

Durcheinandergeratene Eigenschaftswörter

Butterbrot für den Schulhof

Die Pause ist zu Ende. Die Kinder gehen wieder in ihre Klassen. Nur die zehnjährige Petra leckt noch an einem grünen, klebrigen

Lutscher. In der anderen Hand hält sie ihr Butterbrot. Es ist noch eingepackt. Petra glaubt sich ganz unbeobachtet. Plötzlich wirft sie ihr Butterbrot mit rascher Handbewegung auf den staubigen Schulhof. Doch die aufmerksame Lehrerin hat es bemerkt und schimpft: „Petra, schämst du dich nicht? Weißt du denn nicht, daß in anderen Ländern täglich Kinder verhungern?" Mit hochrotem Gesicht bückt sich das naschhafte Mädchen und hebt das kleine Päckchen auf.

Die Schafherde

Kalter Wind weht über die kahlen Felder. Viele wollige Schafe suchen auf dem gelben Stoppelfeld frisches Gras und saftigen Klee. Zwei flinke Hunde umkreisen die große Herde. Mit ihren spitzen Ohren und den scharfen Augen passen sie auf, daß sich kein Tier von der Herde entfernt. Der alte Schäfer steht dabei und stützt sich auf einen festen Stock. Er hat seinen weiten Mantel umgehängt und raucht sein kleines Pfeifchen. Mit liebevollem Blick schaut er auf seine Tiere.

Vergleiche: jünger als Vater - genau so warm wie deiner - nicht so lang wie die Donau - besser als Vergißmeinnicht - nicht so lustig wie meins - höher als der Watzmann - so schön wie gestern - schneller als der Schall - so gern wie mit Steffi

Die gegenteiligen Begriffe:

schmutzig; sauber, rein - bekannt; unbekannt, fremd - freundlich; unfreundlich - langsam; schnell, flott, rasch - eng; weit, breit - gesund; ungesund, krank - stark; schwach, schwächlich - traurig; lustig, heiter, froh - bequem; unbequem - arm; reich -

glücklich; unglücklich - breit; schmal - hoch; niedrig, tief - sicher; unsicher - geschickt; ungeschickt - dick; dünn, schmal - genießbar; ungenießbar - laut, leise, still - ruhig; unruhig - hungrig; satt - scharf; unscharf, stumpf - angenehm; unangenehm - naß; trocken - schwer; leicht, unschwer - dunkel; hell, sonnig - wahr; unwahr - treu, untreu

b) Wahl des treffenden Eigenschaftswortes

Eigenschaftswörter anstelle von „schön" in Beispielen

Mein Geburtstag

Gestern hatte ich Geburtstag. Da bekam ich allerlei nützliche (hübsche) Sachen. Mutti schenkte mir einen warmen (dicken, flauschigen, wollenen) Mantel für den Winter und Vati ein neues (blinkendes, verchromtes) Fahrrad mit Dreigangschaltung. Die Großeltern hatten mir Geld geschickt. Davon will ich mir ein paar niedliche (bunte, hübsche) Kleidchen für meine Puppe kaufen. Zum Geburtstagskaffee durfte ich Melanie, Christel und Elfi einladen. Von ihnen erhielt ich Pralinen, ein Fotoalbum und ein spannendes (interessantes, bebildertes, lustiges) Buch vom Räuber Hotzenplotz. Mutti hatte einen leckeren (großen) Kuchen gebacken, den wir bis zum letzten Stück aufaßen. Danach haben wir allerlei lustige Spiele gemacht. Das war ein sehr froher (unterhaltsamer, schöner, abwechslungsreicher) Nachmittag.

Mögliche Eigenschaftswörter:

Wohnung: geräumig, sonnig, hell, feucht, ruhig, eng, dunkel, neu, zugig, teuer

Tisch:	ausziehbar, schwer, viereckig, oval, rund, leicht, lang, alt
Jacke:	gefüttert, gemustert, ärmellos, lang, kurz, dünn, grün, kariert, modern
Schuhe:	eng, geputzt, ausgetreten, hoch, flach, leicht, schwarz, bequem, staubig, naß, schmutzig
Apfel:	rotbackig, unreif, wurmstichig, faulig, grün, klein, schrumpelig, sauer, saftig, süß
Lehrer:	nett, streng, freundlich, hilfsbereit, alt, jung, pensioniert, fleißig, beliebt, sportlich
Suppe:	versalzen, schmackhaft, süß, dünn, wäßrig, fett, gesund, heiß, dick
Fleisch:	mager, gebraten, durchwachsen, fett, gekocht, sehnig, weich, gefroren, frisch
Hund:	anhänglich, verspielt, treu, jung, langhaarig, wachsam, bissig, gepflegt, frech, krummbeinig, lieb
Wetter:	sonnig, naßkalt, stürmisch, windig, ungesund, regnerisch, kalt, feucht, neblig, heiter, freundlich, frostig

Unterstreiche alle Eigenschaftswörter, die du gefunden hast!

Die zusammengesetzten Eigenschaftswörter an der richtigen Stelle:

Auf mehreren Autobahnen hatten sich kilometerlange Schlangen gebildet.
Mein Bruder hat gestern zentnerschwere Kisten in den Keller getragen.
Ich sollte schnittfeste Tomaten kaufen.
Großvater muß täglich gallebittere Tropfen schlucken.
Gerd war früher ein wieselflinker Läufer.
In sternklaren Nächten sinkt die Temperatur im Winter unter den Nullpunkt.

Spiegelglattes Eis bedeckte den Teich seit Tagen.
Irene hat ihre hellblonden Haare färben lassen.

Im Zoo

brüllende Löwen	krähende Hähne
sprechende Papageien	tappende Bären
kriechende Schildkröten	stampfende Elefanten
meckernde Ziegen	galoppierende Pferde
reitende Kinder	stolzierende Kraniche
klappernde Störche	schwimmende Seehunde
kletternde Affen	hüpfende Känguruhs
zwitschernde Schwalben	schnatternde Enten
hoppelnde Hasen	wiederkäuende Kamele

c) Klarheit durch das treffende Namenwort

Mögliche Zusammensetzungen:

Buch: Sparbuch, Kochbuch, Gebetbuch, Gesangbuch, Malbuch, Rechenbuch, Lesebuch, Tagebuch, Notizbuch, Telefonbuch, Märchenbuch, Geschichtsbuch, Familienstammbuch, Gästebuch, Klassenbuch

Tisch: Ausziehtisch, Schreibtisch, Ecktisch, Gartentisch, Nachttisch, Holztisch, Klapptisch, Konferenztisch, Schülertisch, Küchentisch, Wohnzimmertisch

Haus: Schulhaus, Wohnhaus, Reihenhaus, Eckhaus, Gasthaus, Vereinshaus, Pfarrhaus, Rathaus, Gartenhaus, Behelfshaus, Kaufhaus, Einfamilienhaus, Bootshaus, Opernhaus, Holzhaus, Jagdhaus, Forsthaus, Hochhaus, Bundeshaus, Landhaus, Bauernhaus, Zollhaus, Elternhaus, Warenhaus, Hinterhaus, Eckhaus

Bahn: Laufbahn, Startbahn, Rollbahn, Autobahn, Straßenbahn, Eisenbahn, Werksbahn, Seilbahn, Schwebe-
bahn, Zahnradbahn, Rennbahn, Flugbahn, Fahrbahn,
Eisbahn, Rodelbahn, Bundesbahn, Landebahn, Ke-
gelbahn

Wagen: Schlafwagen, Sportwagen, Kinderwagen, Speisewa-
gen, Triebwagen, Pferdewagen, Güterwagen, Perso-
nenwagen, Lastwagen, Packwagen, Postwagen,
Krankenwagen, Lieferwagen, Eisenbahnwagen,
Straßenbahnwagen, Möbelwagen, Tankwagen, Leichenwagen, Handwagen, Panzerwagen, Zirkuswa-
gen, Festwagen, Abschleppwagen, Fahrschulwagen,
Puppenwagen, Planwagen

Neu zugezogen

Müllers wohnen nun im 12. Stock eines Hochhauses. Gestern
war schon der Möbelwagen da. Auch Udo half beim Ausladen
und trug vorsichtig die schönen Blumentöpfe auf die Fenster-
bänke. Gut, daß man alle Sache mit dem Aufzug nach oben
schaffen konnte. Im Schlafzimmer sind bereits die Betten aufgestellt und der Kleiderschrank ist schon eingeräumt. Aber im
Wohnzimmer stehen noch viele Kisten und Möbel ungeordnet
herum. Gleich will Herr Müller zum Rathaus gehen, um sich im
Einwohnermeldeamt anzumelden. Anschließend wird er sich
beim Arbeitsamt um Arbeit bemühen. Udo ist im 3. Schuljahr
und hat nur einen kurzen Schulweg. Seine kleine Schwester
geht noch in den Kindergarten. Hoffentlich werden sich alle bald
im neuen Wohnort einleben.

„Spiel" als Grund- und Bestimmungswort

Würfelspiel, Dominospiel, Mühlespiel, Hütchenspiel, Angelspiel, Kartenspiel, Quartettspiel, Skatspiel, Schachspiel, Geduldsspiel, Unterhaltungsspiel, Gesellschaftsspiel, Versteckspiel, Ratespiel, Geschicklichkeitsspiel, Heimspiel, Geländespiel, Schattenspiel, Theaterspiel, Puppenspiel, Singspiel, Handballspiel, Fußballspiel, Korbballspiel, Hockeyspiel, Wasserballspiel, Tennisspiel, Hallenhandballspiel, Tischtennisspiel, Glücksspiel, Märchenspiel, Spielschule, Spielgefährte, Spielhalle, Spielautomat, Spielplatz, Spielplan, Spielregel, Spielsachen, Spielzeug, Spielwiese, Spielwaren, Spielwarenhändler, Spielverderber, Spiellaune, Spielfeld, Spielleiter, Spielfilm, Spielkarte, Spielvereinigung, Spielstand, Spielkasino, Spielkamerad, Spielball

Unterstreiche alle Wörter, die du auch gefunden hast!

d) Das richtige Fürwort

Fürwörter im 3. und 4. Fall

Mein Bruder hat eine starke Erkältung und muß im Bett bleiben. Der Arzt hat ihm Hustensaft und Tabletten verordnet. Ich laufe schnell für ihn zur Apotheke.
Meine Großeltern wohnen in Trier. Ich habe sie sehr gern. Deshalb fahre ich in den Ferien häufig zu ihnen.
Ein kleines Kind lief unachtsam auf die Straße. Beinahe hätte ein Lastwagen es angefahren. Gut, daß ihm nichts passiert ist.
Meine Schwester hat heute besonders viel Hausaufgaben auf. Ich helfe ihr deshalb dabei. Danach will ich sie mit zum Schwimmbad nehmen.

So oder so?

Gerd und Udo, die gerade zur Schule gehen wollen, trafen zwei
Klassenkameraden. - Gerd und Udo trafen zwei Klassenkameraden, die gerade zur Schule gehen wollten.
Jürgen, der vor der Turnhalle Fußball spielte, sah Peter. – Jürgen
sah Peter, der vor der Turnhalle Fußball spielte.
Annemie, die morgen nach München fahren will, telefoniert mit
Oma. - Annemie telefoniert mit Oma, die morgen nach München
fahren will.
Vater, der den Unfall beobachtet hatte, sprach mit dem Radfahrer. - Vater sprach mit dem Radfahrer, der den Unfall beobachtet
hatte.

e) Wortfamilien

Wortfamilie „fahren": abfahren, an-, auf-, aus-, be-, durch-, ein-,
fort-, heim-, hin-, hinunter-, mit-, nach-, ver-, vor-, vorbei-, weg-,
zu-, zurück-, zwischen-; Fahrbahn, -gast, -geld, -gestell, -karte,
-plan, -rad, -schule, -schein, -spur, -zeug, -ziel; Fahrer, Auto-,
Bus-, Bei-, Fernlast-, Motorrad-, Rad-, Sonntags-; Fahrt, Ab-,
An-, Auto-, Autobus-, Eisenbahn-, Motorboot-, Nacht-, Rück-,
Raum-, Schiffs-, Schul-, Wall-, Wander-; -richtung, -dauer;
Fähre, Eisenbahn-, Wagen-, Rhein-; Fährte, Fuchs-; Gefährte;
Gefahr, Lebens-, Einsturz-, Brand-; gefährlich, un-; gefährdet;
gefahrlos, - voll; fahrbereit, -lässig, -ig; erfahren, un-; Erfahrung,
Lebens-; Fuhre, Fuhrlohn, -unternehmer, -park, -mann, Aus-,
Ein-, Müllab-;

Fall: Abfall, Anfall, Ausfall, Befall, Beifall, Durchfall, Ernstfall,
Einfall, Fortfall, Grenzfall, Kniefall, Krankheitsfall, Laubfall, Not-
fall, Probefall, Rechtsfall, Rückfall, Schadensfall, Schneefall,

Sonderfall, Sterbefall, Trauerfall, Todesfall, Verfall, Vorfall, Unfall, Überfall, Wasserfall, Wiederholungsfall, Zweifelsfall, Zwischenfall, Zufall; Fallbeil, Fallgeschwindigkeit, Fallgrube, Fallobst, Fallschirm, Fallstrick, Fallsucht, Falltür

DER RICHTIGE SATZBAU

Der einfache Satz und seine notwendigen Erweiterungen

Als Hausaufgabe sollen die Kinder 10 Sätze bilden. Dazu hat die Lehrerin ihnen Zeitwörter (Verben) diktiert. Doch Peter hat nur wenig Lust dazu. Bei dem herrlichen Wetter möchte er schon am frühen Nachmittag zum Schwimmen fahren. Deshalb ist er mit den Hausaufgaben ganz schnell fertig. Doch die Mutter ist mit seiner Arbeit gar nicht zufrieden und sagt: „Das sind doch keine vernünftigen Sätze!" – „Aber das sind doch richtige Sätze", entgegnet Peter.

Hier sind Peters Sätze: Der Sanitäter führt. Wir holen. Die Leute kaufen. Der Junge rennt. Der Lehrer schreibt. Vater fährt. Inge spielt. Die Tante verreist. Paul hält. Opa liest.

Was meinst du zu diesen kurzen Sätzen?

Peters Behauptung stimmt zwar. Es sind richtige Sätze, denn jeder von ihnen hat einen Sinn. Aber es sind sehr kurze, nicht erweiterte Sätze. Du bist bestimmt auch davon überzeugt, daß man nicht nur mit solchen Sätzen einen Aufsatz schreiben kann. Da müssen noch andere Satzbausteine hinzugefügt werden. Solche Satzbausteine können aus einzelnen oder mehreren Wörtern bestehen.

132

Aufgabe:

Versuche Peters Sätze zu erweitern! (Beispiel auf Seite 156).
Solche Erweiterungen sind wichtig, denn ein einfacher Satz läßt
viele Fragen unbeantwortet, wie du aus den folgenden Beispielen ersehen kannst.

Wir gehen.
Frage: Wohin?   Antwort: Zum Zirkus
Frage: Wann?   Antwort: Heute nachmittag
Frage: Mit wem?   Antwort: Mit meinem Bruder

Udo hilft.
Frage: Wem?   Antwort: Meinem Großvater
Frage: Wo?   Antwort: Im Garten
Frage: Wann?   Antwort: In den Osterferien

Orts-, Zeit- und Artbestimmungen

Wichtige Satzteile zur Erweiterung sind die Orts-, Zeit- und
Artbestimmungen (Umstandsbestimmungen, adverbiale Bestimmungen).
Ortsbestimmungen geben Antwort auf die Fragen „wo? - woher? - wohin?". Dabei wird dir auffallen, daß auf
die Fragen „wo?" und „woher?" der 3. Fall, auf die Frage „wohin?" der 4. Fall steht.

Frage: wohin?	Frage: wo?	Frage: woher?
Der Wagen fährt in die Werkstatt.	Der Wagen ist in der Werkstatt.	Der Wagen kommt aus der Werkstatt.
Peter geht in seine Klasse.	Peter sitzt in seiner Klasse.	Peter rennt aus seiner Klasse
Mutter geht in die Küche	Mutter kocht in der Küche.	Mutter kommt aus der Küche.
Ich steige auf die Leiter.	Ich stehe auf der Leiter.	Ich steige von der Leiter.

Aufgaben:

Schreibe die folgenden Sätze mit dem richtigen Fall ab!

Mein Fahrrad steht auf (Marktplatz). Die Großeltern wohnen in (Stadtmitte). Gerd schoß den Ball hoch über (Tor). Eva steigt aus (Schwimmbecken). Steffi wartet vor (Postamt) auf uns. Melanie kommt gerade aus (Blumenladen). Wir gehen in (Kirche). Unser Kanarienvogel flog aus (Käfig).

(Siehe Seite 157!)

Verändere die Sätze, indem du die eingeklammerten Zeitwörter verwendest!

Der Ball lag in der Pfütze (flog). Das Eichhörnchen klettert auf den Baum (sitzt). Die Enten sitzen am Ufer (schwimmen). Vater arbeitet in der Fabrik (kommt). Wir wandern in die Jugendherberge (schlafen). Der Mann steht vor der Tür (stellt sich). Sie rannten auf den Bahnsteig (warteten). Der Schnee liegt in unserem Garten, auf der Straße, auf den Bäumen und auf dem Hof (fällt).

(Siehe Seite 157!)

Zeitbestimmungen geben Antwort auf die Fragen „wann? - wie lange? - wie oft".

Wann kommst du heute?
Ich werde **gegen 15 Uhr** bei dir sein.

Wie lange hast du Unterricht?
Heute nur **bis 12 Uhr.**

Wie oft war Peter bei euch?
In dieser Woche war er nur **einmal** da.

Oft werden Zeitbestimmungen durch Tagesnamen oder Tageszeiten angegeben. In diesen Fällen muß man auf die Rechtschreibung (Groß- oder Kleinschreibung) achten.

Großschreibung (Namenwort mit Geschlechts- oder Verhältniswort):	Kleinschreibung (ohne Begleitwort, oft mit einem Endungs-s):
Der Sonntag scheint leider zu verregnen. **Am Sonntag** gehen wir in den Zoo.	Ich kann **sonntags** lange schlafen.
Der Morgen wird schön. **An diesem Morgen** wollte er verreisen.	**Heute morgen** ist es neblig. Es ist **morgens** jetzt noch kalt.

Das war **ein lustiger Abend.**
Er trinkt **jeden Abend** ein Glas Bier.
Am Abend werden die Faulen fleißig.
Die Vorstellung **am Sonntagabend** war ausverkauft.

Jetzt wird es **abends** früh dunkel.
Heute abend wird es spät.
Seit **gestern abend** ist Peter krank.

Aufgaben:

In den folgenden Sätzen sind die Zeitbestimmungen vertauscht worden. Kannst du sie ordnen?

Einmal monatlich putze ich mir gründlich die Zähne.
Vor dem Abendessen haben wir nur noch zehnmal Unterricht.
Morgens und abends hole ich mir aus der Stadtbücherei etwas zu lesen.
Gegen 19 Uhr gehen wir gern bei sonnigem Wetter ins Schwimmbad.
Bis zum Ferienbeginn spielen wir noch etwas Tischtennis.
Im Sommer essen wir zu Abend.
Die Abendvorstellung dauert fast eine Minute.
Der Eilzug nach Trier hält hier nur drei Stunden.

(Siehe Seite 157!)

Schreibe selbst einige Sätze mit Zeitbestimmungen wie im Beispiel auf die Fragen „wann? - wie lange? - wie oft?" zum Thema Schule!

Am Morgen beginnt der Unterricht erst um 9 Uhr. - Heute haben wir zwei Stunden Sport. - Ich habe in diesem Monat nur einmal in der Schule gefehlt.

Artbestimmungen geben an, in welcher Art oder Weise etwas geschieht. Sie beantworten die Frage „wie?" und ergänzen damit das Zeitwort.

Helga spielt gern mit ihrem Teddy. - Ich laufe schnell zur Apotheke. - Onkel Willi schnarcht laut. - Petra erledigt ihre Hausaufgaben sorgfältig und gewissenhaft. - Mein Bruder kann gut Fußball spielen. - Er klettert geschickt über die Mauer.

Unterstreiche die Artbestimmungen, die in diesen Sätzen als Eigenschaftswörter ausgedrückt wurden!

Artbestimmungen können aber auch aus einer Wortgruppe bestehen, wie du in den folgenden Sätzen sehen kannst. Franz schwimmt **mit kräftigem Beinschlag.** Irmgard liest **mit guter Betonung.** Er paßt auf **wie ein Luchs.** Sie hat den Brief **ohne große Sorgfalt** geschrieben.

Aufgabe:

Wähle von den in Klammern gesetzten Artbestimmungen die passendste aus!

Mein Bruder sammelt Briefmarken und Münzen (rasch, ärgerlich, wie ein Eichhörnchen, eifrig, freundlich). - Wir fahren in die Ferien (ohne Geld, froh, hungrig, friedlich, still). - Die Großeltern warteten auf meinen Brief (sorgsam, vergnügt, gutmütig, sehnsüchtig, neugierig). - Klaus sprang ins tiefe Wasser (tadellos, kerzengerade, ängstlich, freiwillig, mit Ausdauer). - Gestern regnete es (in Strömen, stark, ewig, heftig, schauderhaft). - Gisela trug das Gedicht vor (mit guter Betonung, ohne zu stottern, gut, zu schnell, fröhlich). - Die Gäste tranken Wein zum Abendbrot (ununterbrochen, in froher Stimmung, in schlechter Laune, im Sitzen, bei vollem Bewußsein). In den letzten Minuten des Fußballspiels kämpften wir, um den Sieg zu erringen (lustig, wie Löwen, gründlich, kräftig, ohne Tormann).

(Vorschläge auf Seite 158!)

Satzergänzungen

Viele Sätze sind ohne Ergänzung (Objekt) sinnlos. Solche Satzergänzungen können Namenwörter oder Fürwörter sein, die fast immer im Wem-Fall und im Wen- oder Was-Fall (3. oder 4. Fall - Dativ oder Akkusativ) stehen.
Welcher Fall erforderlich ist, hängt meist vom Zeitwort ab, das die Satzaussage (Prädikat) bildet, denn alle Satzergänzungen sind nähere Bestimmungen davon.

Die Wem-Ergänzungen (Dativobjekte)

In den letzten Sportstunden sind in der Halle einige Gegenstände liegengeblieben. Die Lehrerin zeigt den Kindern die Sachen und fragt: „Wem gehört der Pullover?" - „Der gehört meiner Freundin!" ruft Inge. „Wem gehören diese Turnschuhe?"- „Ach, die gehören mir!" meldet sich Ute.

Außer dem Zeitwort „gehören" haben noch viele andere den 3. Fall hinter sich.

helfen: Der Arzt hilft dem Kranken (der Verletzten, dem kranken Kind, den Verunglückten, mir).
danken: Ich danke meinem Lehrer (der Mutter, dem Fräulein, den Verwandten, dir).

begegnen: Wir begegneten dem Onkel (der Tante, dem Mädchen, den Spielern, euch).

antworten: Ich antworte dem Freund, der Lehrerin, dem Kind, den Eltern, ihr).

Bei manchen Zeitwörtern steht vor der Wem-Ergänzung noch ein Verhältniswort (Präposition).

Er streitet immer **mit seinem Bruder.**
Hans spielt **mit seinem Freund.**
Der Verletzte ruft **nach dem Arzt.**
Sie flüchtete **vor dem Dieb.**
Ute fürchtet sich **vor dem Gewitter.**
Unser Plan hängt **vom Wetter** ab.
Die Lehrerin sprach **mit meinen Eltern.**

Die Wen- oder Was-Ergänzungen (Akkusativobjekte)

Als Helga später als üblich vom Sportunterricht nach Hause kam, rief sie: „Mutti, rate mal, wen ich unterwegs getroffen habe!" - „Den Großvater? Deinen Lehrer oder eine Freundin?" fragte die Mutter. „Nein, Tante Hanni. Die ist mit mir in eine Konditorei gegangen. Weißt du, was ich da gegessen habe? Einen Mohrenkopf und ein Eis! Außerdem hat sie mir fünf Mark geschenkt", erzählt Helga begeistert. „Was willst du dir davon kaufen?" - „Vielleicht einen Ring oder ein Buch", erwidert Helga.

So wie hier im Gespräch zwischen Helga und der Mutter werden überall Fragen nach Lebewesen mit „wen?" und Fragen mit „was?" nach Gegenständen gestellt.
Auch bei den Wen- oder Was-Ergänzungen gibt es Zeitwörter, die dabei noch ein Verhältniswort (Präposition) benötigen.

Die Eltern sorgen **für die Kinder.**
Wir hoffen **auf schönes Wetter.**
Er ärgert sich **über deine Faulheit.**
Wir glauben **an Gott.**
Die Nachbarn **reden über ihn.**
Sie ist ganz **in ihr Buch** vertieft.

Es gibt auch Zeitwörter, die zwei verschiedene Ergänzungen (im 3. und 4. Fall) haben können.

Ich gab **dem Hund einen Knochen.** - Der Junge bietet **der Frau seinen Platz** an. - Holger leiht **seinem Freund das Fahrrad.** - Wir schenken **der Mutter einen Blumenstrauß.** - Ich reiche **das Glas meinem Vater.** - Willi zeigt **seinem Freund sein Aquarium.** - Wir schicken **den Eltern einen Feriengruß.**

Aufgaben:

Setze die eingeklammerten Wörter als Ergänzungen in die Sätze ein!

Die Großmutter erzählt (Enkelkinder, Geschichte). - Mein Bruder reparierte (Nachbar, Fernsehgerät). - Ingo zeigt (Fremder, Weg) zum Bahnhof. - Vater kauft (unser Wellensittich, ein neuer Käfig). - Ich leihe (mein Mitschüler, Lesebuch). - Wir schreiben (Großvater, Brief) aus den Ferien. Irmgard putzt (ihr Vater und ihre Mutter, Schuhe). - Der Lehrling hält (Dachdeckermeister, Leiter).

Setze „dir" oder „dich" in die Satzlücken ein! Findest du auch die 3 Fallfehler?

Vater will mit   zu den großen Wasserfall fahren. - Hast du
          gestoßen und   die Hand verletzt? - Wir haben

gesucht, aber   nirgendwo entdecken können. - Heute
nachmittag wollen wir   abholen. - Ich habe   gestern
ein Bleistift geliehen. - Wir freuen uns, mit   in die Fränkische Schweiz zu fahren. - Mutter hat   ein Zettel geschrieben. - Vielleicht rufen wir   morgen an. - Wie gefällt
mein neues Kleid? - Du hast   stark erkältet und mußt
  warm halten.

(Siehe Seite 158!)

Beifügungen (Attribute)

Wir müssen uns immer klar und genau ausdrücken, damit keine
Mißverständnisse entstehen. Dazu verhelfen oft Beifügungen
als nähere Bestimmungen vor Namenwörtern, wie du es an der
kleinen Geschichte sehen kannst.

Helga ist bei ihrer Freundin zum Geburtstag eingeladen. „Was
soll ich denn heute für ein Kleid anziehen, Mutti?" ruft sie, während sie unentschlossen vor dem Kleiderschrank steht. „Kann
ich das neue Kleid anziehen, oder soll ich lieber das blaue anziehen?" - „Nimm doch das rote Kleid mit den langen Ärmeln, das
ist wärmer", schlägt die Mutter vor. Aber Helga überlegt noch,
denn sie hat mehrere Kleider. Sie hat noch ein hellgrünes Kleid,
ein Kleid mit einem Faltenrock und ein Sommerkleid ohne Ärmel.
Nach einer Weile hat sich Helga entschieden. Sie ruft der Mutter
zu, die in der Küche beschäftigt ist: „Ich habe schon ein Kleid
an!" Doch die Mutter möchte gern wissen, welches Kleid Helga
gewählt hat und fragt: „Was für ein Kleid hast du denn angezogen?"

Durch die Frage „was für ein?" wird Helgas Kleid genauer bezeichnet. Das gilt auch für alle anderen Namenwörter.

Am häufigsten werden Beifügungen durch Eigenschaftswörter gebildet:
das rote Kleid, ein alter Baum, naßkaltes Wetter, der nette Lehrer, die französische Hauptstadt, gute Erholung

Sie können aber auch aus einem Namenwort mit Verhältniswort bestehen:
das Kleid mit den langen Ärmeln, das Kleid ohne Kragen, das Bild im Wohnzimmer, das Haus an der Ecke, die Schwäne auf dem Teich, der Mann neben mir

Auch ein Fürwort (Pronomen) kann als Beifügung Klarheit schaffen:
meine Schwester, unser Garten, euer Fernsehapparat, sein Zeugnis, diese Wurst

Manchmal bildet auch ein Namenwort im 2. Fall (Genetiv) die Beifügung:
die Heimat meiner Großeltern, das Klima des Schwarzwaldes, der Armreifen meiner Schwester, vor dem Eingang der Sparkasse, die Nebenflüsse des Rheins

Sogar Ortsnamen können als Beifügungen eingesetzt werden:
Der Kölner Dom, Das Aachener Rathaus, Frankfurter Würstchen, Lübecker Marzipan, am Hamburger Hafen, vor dem Münchner Hauptbahnhof

Es können auch mehrere Eigenschaftswörter als Beifügungen vor einem Namenwort stehen. Wenn sie gleichwertig sind, das heißt, wenn du sie durch „und" verbinden kannst, wird zwischen sie ein Komma gesetzt.

Gleichwertige Beifügungen sind auch gegenseitig austausch-
bar.

frohe und gesunde Kinder	frohe, gesunde Kinder	gesunde, frohe Kinder
eine saubere und fehlerfreie Schrift	eine saubere, fehler-freie Schrift	eine fehlerfreie, saubere Schrift
das feuchte und kalte Wetter	das feuchte, kalte Wetter	das kalte, feuchte Wetter

Aber nicht immer sind zwei Beifügungen miteinander austausch-
bar. In diesen Fällen wird zwischen ihnen kein Komma gesetzt.
frische grüne Bohnen - eine gute sportliche Leistung - eine
seltene deutsche Briefmarke - neue saure Gurken - der be-
rühmte Hamburger Hafen - ein Glas kühles helles Bier
Man sollte aber nur Beifügungen verwenden, die das Namenwort wirklich treffend und genau beschreiben.

überflüssig und sinnlos:	sinnvoll und richtig:
eine runde Kugel	eine schwere (eiserne, rote, blanke Kugel)
ein großer Riese	ein bärtiger (rothaariger, furchterre-gender) Riese
ein kleiner Zwerg	ein freundlicher (hilfsbereiter, lustiger) Zwerg
der alte Greis	der weißhaarige (einsame, kranke, hilfsbedürftige) Greis
die helle Sonne	die untergehende (wärmende, strah-lende) Sonne
die finstere Nacht	die sternklare (kalte, stürmische, fro-stige, ruhige) Nacht

Aufgaben:

Von den folgenden Beifügungen sind acht unsinnig oder überflüssig. Findest du sie heraus?

eine spannende Geschichte - das junge Fohlen - eine geräumige
Wohnung - weiße Rosen - der runde Ball - das kleine Baby -
hilfsbereite Menschen - der zehnjährige Geburtstag - nebliges,
schönes Wetter - eine sternklare Nacht - grüne Blätter - die
größere Hälfte - süße Kirschen - die alte Greisin - eine warme
Jacke   (Vergleiche auf Seite 159!)

Hier sind die Beifügungen vertauscht worden.
Schaffe Ordnung!

ein lautes Kissen   ein saurer Hund
eine mächtige Gardine   ein saftiger Herrscher
ein schwieriger Schlaf   eine dünne Aufgabe
fröhliches Wasser   ein treuer Hering
eine feste Musik   eine lange Apfelsine
eine weiche Leiter   fließende Kinder

Ersetze die Beifügung „klein" in den folgenden Sätzen durch die
viel treffenderen Eigenschaftswörter „bescheiden, eng, gering,
jung, kurz, leicht, niedrig, schmal, schwach, unbedeutend, win-
zig"!

Auf dem Teich schwimmen acht kleine Enten. - Es entstand nur
ein kleiner Schaden. - Wir beobachteten ihn hinter dem kleinen
Strauch. - Durch die Wiese fließt ein kleiner Bach. - Diese kleine
Gasse führt zum Marktplatz. - Er hat nur einen kleinen Posten bei
der Bahn. - Die Bluse hat zu kleine Ärmel. - Ulli hat einen kleinen
Splitter im Fuß. - Unsere Nachbarn sind kleine Leute. - Fränz-

chen hat nur kleine Muskeln. Wegen dieser kleinen Erkältung gehe ich nicht zum Arzt.

(Siehe Seite 159!)

Beachte die Endungen!

Beifügungen von männlichen Namenwörtern und die voranstehenden Geschlechtswörter oder besitzanzeigenden Fürwörter bereiten manchmal Schwierigkeiten durch ihre Endungen besonders im 3. und 4. Fall.

3. Fall (unterschiedliche Endungen)

Wir fahren mit ein**em** neu**en** Wagen.
Der Arzt hilft de**m** krank**en** Jungen.
Ich schreibe mein**em** best**en** Freund.
Er läuft mit dies**em** dick**en** Mantel zur Schule.

4. Fall (gleiche Endungen)

Vater kauft ein**en** neu**en** Wagen.
Mutter pflegt de**n** krank**en** Jungen.
Ich rufe mein**en** best**en** Freund.
Er friert ohne dies**en** dick**en** Mantel.

Aufgabe:

Setze die eingeklammerten Wörter beim Abschreiben in den richten Fall und beachte dabei die Endungen!

Die Eltern warten auf (ein guter Bekannter).
Dein Bruder stand auf (der hohe Felsen).
Ich war von (dein wunderschöner Teddybär) ganz begeistert.

Meine Schwester wäscht gerade (ihr blauer Pullover).

Peter schreibt (sein früherer Lehrer) eine Ansichtskarte aus den Ferien.

Ich mußte mit (mein kranker Hund) zum Tierarzt gehen.

Die Kinder begleiteten die Großmutter zu (ein schöner, schattiger Platz).

Nach (das plötzliche, heftige Gewitter) schien bald wieder die Sonne.

(Vergleiche deine Arbeit auf Seite 159!)

Die Reihenfolge der Satzbausteine (Satzteile)

Du kannst die Teile eines Satzes in ihrer Reihenfolge so ändern, daß er möglichst gut klingt. Manche setzen das, was ihnen am wichtigsten erscheint, an den Satzanfang.

Morgen fahre ich mit meinem Vater nach Bamberg. (Morgen, nicht heute!)
Ich fahre morgen mit meinem Vater nach Bamberg! (Ich, nicht du!)
Mit meinem Vater fahre ich morgen nach Bamberg. (Mit meinem Vater, nicht mit meiner Mutter!)
Nach Bamberg fahre ich morgen mit meinem Vater. (Nach Bamberg, nicht nach Würzburg!)

Du siehst, dieser Satz besteht aus 5 Teilen (ich - fahre - morgen - mit meinem Vater - nach Bamberg), die mit einer Ausnahme ihre Plätze wechseln können. Wenn du genau hinschaust, merkst du, daß das Zeitwort „fahre" bei allen möglichen Veränderungen immer an der gleichen Stelle stehenbleibt.

Mit erweiterten Sätzen kannst du lustige Verschiebespiele machen, wenn du kleine Pappstreifen mit Wörtern oder Wortgruppen beschriftest, sie nachher zu Sätzen zusammenlegst und sie miteinander austauschst.

BEGLEITEN MORGEN NACH KÖLN MEINE TANTE WIR

Wieviel Umstellungen sind möglich? Schreibe sie alle auf!

Was fällt dir dabei auf?

Auch bei Sätzen mit noch mehr Teilen kannst du solche Verschiebespiele durchführen. Versuche es zunächst bei den folgenden Beispielen!

Ein Klassenkamerad fragte mich vorhin auf der Straße nach den Schulaufgaben. - Schnell holte ich der Mutter vom Bäcker Brötchen zum Frühstück.

Überlege, in welcher Reihenfolge die Sätze am besten klingen!

Verbinden und Umstellen von Sätzen

Auch Sätze kann man zusammenbauen. Besonders kurze Sätze klingen besser, wenn man sie miteinander verbindet.

Ich lese ein Buch. Meine Schwester spielt.

Ich lese ein Buch, während meine Schwester spielt.
Oder:
Ich lese ein Buch, und meine Schwester spielt.

147

Der alte Mann bettelt. Er hat Hunger.

Der alte Mann bettelt, denn er hat Hunger.

Wir fahren zum Sportplatz. Es regnet.

Wir fahren zum Sportplatz, obwohl es regnet.

Anni ging zur Bücherei. Sie mußte ein paar Bücher zurückbringen.

Anni ging zur Bücherei, weil sie ein paar Bücher zurückbringen mußte.

Die kleinen Wörter, die die Sätze verbinden, nennt man **Bindewörter**. Davon gibt es eine ganze Reihe.

Die Reihenfolge solcher verbundenen Sätze kannst du so umstellen, wie es dir am sinnvollsten erscheint. An der Verbindungsstelle steht ein Komma.

Wir spielen im Garten, weil die Sonne scheint.

Weil die Sonne scheint, spielen wir im Garten.

Sie konnte nicht schlafen, obwohl sie müde war.

Obwohl sie müde war, konnte sie nicht schlafen.

Peter kam erst, als wir schon gehen wollten.

Als wir schon gehen wollten, kam Peter erst.

Ich stelle mich unter die kalte Dusche, bevor ich ins Wasser springe.

Bevor ich ins Wasser springe, stelle ich mich unter die kalte Dusche.

Aufgabe:

Auf beiden Seiten stehen vollständige Sätze, die aber nicht zusammenpassen. Durch Auswechseln der Sätze auf der rechten Seite kannst du sinnvolle Satzpaare bilden, zwischen die du passende Bindewörter einsetzen mußt.

Der Sommer hatte längst begonnen.
Im Osten geht die Sonne auf.
Viele Gäste waren zur Feier gekommen.
Alle waren pünktlich am Bahnhof.
Kurt übt fleißig.
Mutter backt einen Kuchen.
Manfred wollte ins Kino.
Wir bekommen bestimmt Hitzefrei.

Elke hatte sich etwas verspätet.
Onkel Franz aus Australien war erschienen.
Es war immer noch naßkalt.
Es ist sehr warm in der Klasse.
Sein Taschengeld reichte nicht aus.
Im Westen geht sie unter.
Er will ein gutes Zeugnis bekommen.
Irene darf dabei helfen.
(Siehe Seite 160!)

Was sagst du zu diesem Aufsatz?

Im letzten Augenblick

Ich sollte noch einiges zum Abendbrot einkaufen, während Mutter unterwegs war. Ich wollte mir aber erst den Krimi im Fernsehen angucken. Der war so spannend, daß ich gar nicht mehr an das Einkaufen dachte. Ich schaute schließlich auf die Uhr und erschrak, denn in wenigen Minuten war Geschäftsschluß. Ich mußte nun ganz schnell bis zum nahen Supermarkt laufen. Ich hatte Glück, denn sie wollten gerade die Tür absperren. Ich bekam aber noch alles, was mir meine Mutter aufgeschrieben hatte.

So viele gleiche Satzanfänge verschlechtern einen Aufsatz ganz erheblich. Sie wirken störend und sind langweilig. Durch die Möglichkeit, Wörter innerhalb eines Satzes umzustellen, kann der Aufsatz wesentlich verbessert werden.

Verändere die Reihenfolge in den Sätzen so, daß andere Wörter an den Anfang kommen!

Beispiel einer Lösung auf Seite 160.

Du kannst aber nicht nur Sätze in ihrer Reihenfolge beliebig verändern sondern auch Satzpaare, die aus Hauptsatz und Gliedsatz bestehen.

Unterstreiche die Sätze in der Anordnung wie du meinst, daß sie am besten klingen!

Obwohl es erst Februar ist, blühen schon Schneeglöckchen, Krokusse und Tulpen.
Schneeklöcken, Krokusse und Tulpen blühen schon, obwohl es erst Februar ist.
Wenn es morgen regnen sollte, bleiben wir zu Hause.
Wir bleiben zu Hause, wenn es morgen regnen sollte.
Weil ich heute Geburtstag habe, brauche ich für morgen keine Hausaufgaben zu schreiben.
Ich brauche für morgen keine Hausaufgaben zu schreiben, weil ich heute Geburtstag habe.
Da der Himmel wolkenlos war, konnten wir die Mondfinsternis gut beobachten.
Wir konnten die Mondfinsternis gut beobachten, da der Himmel wolkenlos war.
Die Großmutter fragte mich, ob ich mit zur Kirche gehen wollte.
Ob ich mit zur Kirche gehen wollte, fragte mich die Großmutter.

Die wörtliche Rede

Auch bei der wörtlichen Rede sind unterschiedliche Satzstellungen möglich, da die Rede vor oder hinter dem Beisatz stehen kann. Nur mußt du hierbei gut auf die Stellung der Satzzeichen achten.

„Ich freue mich schon auf die Ferien", sagte ich.

Ich sagte:„Ich freue mich schon auf die Ferien."

„Wir haben nur noch vier Tage Schule", meinte meine Freundin.

Meine Freundin meinte: „Wir haben nur noch vier Tage Schule."

„Nein, es sind ja nur noch drei Tage Unterricht, da wir ja vorher noch einen Ausflug machen wollen", entgegnete ich.

Ich entgegnete: „Es sind ja nur noch drei Tage Unterricht, da wir ja vorher noch einen Ausflug machen wollen."

Wenn der Beisatz vor der wörtlichen Rede steht, darfst du den Doppelpunkt nicht vergessen.

Verändere die Reihenfolge von Sprechsatz und Beisatz!

Mutter fragte: „Wie war es heute in der Schule?"

„Ich habe für den Aufsatz eine Eins bekommen", antwortete ich strahlend.

„Das ist ja prima!" rief meine Mutter.

Ich sagte: „Vielleicht gibt mir Vati dafür wieder etwas in meine Spardose!"

Mutter meinte. „Das macht er ganz bestimmt."

„Meine Sparbüchse hat nämlich Hunger", sagte ich lachend.

„Für den Hunger gibt's natürlich auch von mir ein Geldstück. Du siehst, Übung macht den Meister!", sprach Mutter frohgelaunt.

Vergleiche deine Umstellungen mit den Lösungen auf Seite 161!

Du hast bestimmt schon gemerkt, daß Aufsätze, die die wörtliche Rede enthalten, bedeutend lebendiger wirken. Daher verwende sie recht oft.

Die folgenden Sätze enthalten auch Gespräche, die aber nicht wörtlich wiedergegeben werden. Weil das Gesagte nicht direkt aufgeschrieben ist, nennt man sie die indirekte Rede, die aber nicht so lebendig wirkt. Daher soll man immer der wörtlichen Rede den Vorzug geben.

Aufgaben:

Schreibe die folgenden Sätze wie im Beispiel als wörtliche Rede!

Die Lehrerin sagte, ich hätte einen guten Aufsatz geschrieben.

Die Lehrerin sagte: „Du hast einen guten Aufsatz geschrieben."

Mutter ruft, wir möchten zum Essen kommen!

_____

Elli bat, ich solle sie mitnehmen.

_____

Udo rief, wir hätten einen Vogel.

_____

Der Arzt fragte, ob ich Magenschmerzen hätte.

_____

Peter sagte, er wolle uns in den Ferien besuchen.

_____

Der Kaufmann fragte, welche Äpfel ich haben möchte.

_____

(Siehe Seite 162!)

Ganz besonders lebendig wirkt die wörtliche Rede, wenn sie Fragen oder Ausrufe enthält, wie es das Beispiel zeigt.

Die Mutter rief: „Hallo, Irmgard! Wo bist du denn?"
„Mutti, hast du mich gerufen?" fragte das Mädchen.
„Komm schnell! Du kannst den restlichen Pudding aufessen,

damit ich die Schüssel spülen kann!" antwortete die Mutter.
„O prima!" Ich komme sofort!" rief Irmgard.

Schreibe ähnliche kurze Gespräche und verwende dabei Ausrufe wie: Hallo! - He! - Peng!- Hoi! - Hoppla! - Au! - Buh! - O weh!
- Patsch! - Nanu?
Vergiß am Schluß der wörtlichen Rede vor den Sprechzeichen
(Anführungsstrichen) nicht das Ausrufe- oder Fragezeichen!

Vor einigen Wochen war Helga mit ihren Eltern nach Köln umgezogen. Nun rief sie ihre Freundin an. Peter war in der Nähe und
hörte, was seine Schwester Doris sagte. Das, was Helga sprach,
konnte er nicht verstehen.

Aufgabe:

Versuche, das Gespräch, wie es gewesen sein könnte, zu vervollständigen! Setze dabei auch die Satzzeichen für die wörtliche
Rede!

Helga: _____
Doris: „Hallo, Helga!"
Helga: _____
Doris: „Danke, gut! Und wie geht es dir?"
Helga: _____
Doris: „Hast du dich schon in Köln etwas eingelebt?"
Helga: _____
Doris: „Hast du jetzt einen weiteren Schulweg als hier?"
Helga: _____
Doris: „Schade, daß du nicht mehr in unserer Klasse bist!"
Helga: _____
Doris: „Das wäre ja prima! Wann kannst du denn kommen?"
Helga: _____

Doris: „Soll ich dich am Hauptbahnhof abholen?"

Helga: _____

Doris: „Ich bin pünktlich auf dem Bahnsteig. Du kannst dich darauf verlassen."

Helga: _____

Doris: „Habt ihr schon einen Telefonanschluß?"

Helga: _____

Doris: „Moment, ich hole schnell einen Bleistift und schreibe die Nummer auf!"

Helga: _____

Doris: „Ich wiederhole: 654321. Das ist ja leicht zu merken."

Helga: _____

Doris: „Ja, die Vorwahl von Köln kenne ich."

Helga: _____

Doris: „Kannst du nicht bis Sonntag bleiben? Meine Eltern würden sich bestimmt auch freuen."

Helga: _____

Doris: „In meinem Zimmer ist Platz genug. Du kennst es ja."

Helga: _____

Doris: „Bring bitte auch dein Schwimmzeug mit!"

Helga: _____

Doris: „Die Wettermeldungen sind fürs Wochenende günstig."

Helga: _____

Doris: „Ich freue mich schon sehr auf deinen Besuch."

Helga: _____

Doris: „Mach's auch gut! Bis Freitag am Bahnhof!"

(Siehe Seite 162!)

Vielleicht kannst du selbst mal ein Telefongespräch zusammenstellen. Es braucht gar nicht so lang zu sein. Versuch es einmal! Dabei werden sich Ruf- und Fragesätze abwechseln. Denk dabei besonders an die Satzzeichen!

Die Bedeutung von Ruf- und Fragesätzen in Erlebnisaufsätzen

Überall im Leben wie im voranstehenden Telefongespräch kommen viele Ruf- und Fragesätze vor. Da sie immer sehr lebendig wirken, sollst du sie nach Möglichkeit in deine Erlebnisaufsätze einbauen. So lassen sich oft Aussagesätze innerhalb der wörtlichen Rede leicht in Ruf- oder Fragesätze umwandeln.

Aussagesatz	Rufsatz	Fragesatz
Ich rufe meine Mutti.	Hallo Mutti, komm bitte!	Mutti, kannst du kommen?
Ich glaube, es beginnt zu regnen.	Guck mal, ob es schon regnet!	Hat es schon angefangen zu regnen?
Udo soll gleich fahren.	Udo, fahre gleich!	Udo, kannst du gleich fahren?
Der Film war spannend.	Das war aber ein spannender Film!	Hast du schon so einen spannenden Film gesehen?
Da blühen Maiglöckchen.	Sieh mal, da blühen Maiglöckchen!	Sind das Maiglöckchen, die da blühen?

In vielen Lebensbereichen gibt es eine Fülle von Ruf- und Fragesätzen.

Morgens zu Hause

Hast du dich schon gewaschen? - Putz dir gründlich die Zähne! Hast du deine Schultasche gepackt? - Vergiß dein Schreibheft nicht! - Willst du heute lieber Kakao trinken? - Beeil dich bitte! ...

Auf dem Wochenmarkt

Wieviel kosten die Schnittbohnen? - Oh, das ist aber teuer! -
Mutti, kaufst du auch Apfelsinen? - Ich hätte gern zehn Stück!
Sieh mal, da sind billige Bananen! - Möchtest du welche? ...

Ferienpläne

Fahren wir in diesem Jahr wieder nach Oberstdorf? - Prima, das
wird schön! - Wie lange können wir bleiben? - Diesmal nehme
ich aber meinen Fotoapparat mit! - Fahren wir dann mit der
Seilbahn zum Nebelhorn? ...

Reisevorbereitungen

Welchen Koffer willst du mitnehmen? - Pack deine Badesachen
zusammen! Wo ist denn meine Taucherbrille? - Soll ich meine
Lederhose einpacken? - Hast du den Kofferschlüssel? - Ich
freue mich schon! ...

Sicherlich kannst du die Texte noch erweitern!
Schreibe noch andere Ruf- und Fragesätze hinzu!

Lösungsteil

Peters erweiterte Sätze (Beispiele)

Der Sanitäter führt den mit seinem Fahrrad gestürzten Jungen
zum Krankenwagen. Zum Geburtstag holen wir der Mutter aus
dem Garten einen bunten Blumenstrauß. - Die Leute kaufen im

Supermarkt Lebensmittel. - Der kleine Junge rennt mit dem großen Schäferhund über die Wiese im Stadtpark. - Der Lehrer schreibt die Rechenaufgaben an die Wandtafel. - Vater fährt mit uns heute zum Badesee. - Inge spielt bei Regen mit ihrer Puppe im Zimmer. - Nächste Woche verreist meine Tante für einige Tage nach Hamburg. - Bernd hält den Ball fest in der Hand. Opa liest morgens gemütlich im Sessel die Zeitung.

Ortsbestimmungen mit dem richtigen Fall

Mein Fahrrad steht auf dem Marktplatz. - Die Großeltern wohnen in der Stadtmitte. - Gerd schoß den Ball hoch über das Tor. - Eva steigt aus dem Schwimmbecken. - Steffi wartet vor dem Postamt auf uns. - Melanie kommt gerade aus dem Blumenladen. - Wir gehen in die Kirche. - Unser Kanarienvogel flog aus dem Käfig.
Der Ball flog in die Pfütze. - Das Eichhörnchen sitzt auf dem Baum. - Die Enten schwimmen an das Ufer. - Vater kommt aus der Fabrik. - Wir schlafen in der Jugendherberge. - Der Mann stellt sich vor die Tür. - Sie warteten auf dem Bahnsteig. - Der Schnee fällt in unseren Garten, auf die Straße, auf die Bäume und auf den Hof.

Die geordneten Zeitbestimmungen

Einmal monatlich hole ich mir aus der Stadtbücherei etwas zu lesen.
Vor dem Abendessen spielen wir noch etwas Tischtennis.
Morgens und abends putze ich mir gründlich die Zähne.
Gegen 19 Uhr essen wir zu Abend.
Bis zum Ferienbeginn haben wir nur noch zehnmal Unterricht.

Im Sommer gehen wir gern bei sonnigem Wetter ins Schwimmbad.
Die Abendvorstellung dauert fast drei Stunden.
Der Eilzug nach Trier hält hier nur eine Minute.

Die passenden Artbestimmungen

Mein Bruder sammelt eifrig Briefmarken und Münzen. - Wir fahren froh in die Ferien. - Die Großeltern warteten sehnsüchtig auf meinen Brief. - Klaus sprang kerzengerade ins tiefe Wasser. - Gestern regnete es in Strömen. - Gisela trug das Gedicht mit guter Betonung vor. - Die Gäste tranken in froher Stimmung Wein zum Abendbrot. - In den letzten Minuten des Fußballspiels kämpften wir wie die Löwen um den Sieg.

Die Ergänzungen im 3. und 4. Fall

Die Großmutter erzählt den Enkelkindern eine Geschichte. - Mein Bruder repariert dem Nachbarn das Fernsehgerät. - Ingo zeigt dem Fremden den Weg zum Bahnhof. - Vater kauft unserem Wellensittich einen neuen Käfig. - Ich leihe meinem Mitschüler das Lesebuch. - Wir schreiben dem Großvater einen Brief aus den Ferien. - Irmgard putzt ihrem Vater und ihrer Mutter die Schuhe. - Der Lehrling hält dem Dachdeckermeister die Leiter. Vater will mit dir zu **dem** großen Wasserfall fahren. - Hast du dich gestoßen und dir die Hand verletzt? - Wir haben dich gesucht, aber dich nirgendwo entdecken können. - Heute nachmittag wollen wir dich abholen. - Ich habe dir gestern **einen** Bleistift geliehen. - Wir freuen uns, mit dir in die Fränkische Schweiz zu fahren. - Mutter hat dir **einen** Zettel geschrieben. - Vielleicht

rufen wir dich morgen an. - Wie gefällt dir mein neues Kleid? - Du hast dich stark erkältet und mußt dich warm halten.
(Die fett gedruckten Wörter sind die berichtigten Fallfehler.)

Überflüssige oder sinnlose Beifügungen

das (junge) Fohlen - der (runde) Ball - das (kleine) Baby - der (zehnjährige) zehnte Geburtstag - nebliges Wetter oder schönes Wetter - (grüne) Blätter - die (größere) Hälfte - die (alte) Greisin

Treffendere Beifügungen für „klein"

Auf dem Teich schwimmen acht junge Enten. - Es entstand nur ein geringer Schaden. - Wir beobachteten ihn hinter dem niedrigen Strauch. - Durch die Wiese fließt ein schmaler Bach. - Diese enge Gasse führt zum Marktplatz. - Er hat nur einen unbedeutenden Posten bei der Bahn. - Die Bluse hat zu kurze Ärmel. - Ulli hat einen winzigen Splitter im Fuß. - Unsere Nachbarn sind bescheidene Leute. - Fränzchen hat nur schwache Muskeln. - Wegen dieser leichten Erkältung gehe ich nicht zum Arzt.

Die richtigen Endungen

Die Eltern warten auf einen guten Bekannten.
Dein Bruder stand auf dem hohen Felsen.
Ich war von deinem wunderschönen Teddybär ganz begeistert.
Meine Schwester wäscht gerade ihren blauen Pullover.
Peter schreibt seinem früheren Lehrer eine Ansichtskarte aus den Ferien.
Ich mußte mit meinem kranken Hund zum Tierarzt gehen.

Die Kinder begleiten die Großmutter zu einem schönen, schatti-
gen Platz.
Nach dem plötzlichen, heftigen Gewitter schien bald wieder die
Sonne.

Die möglichen Umstellungen

Morgen begleiten wir meine Tante nach Köln.
Wir begleiten morgen meine Tante nach Köln.
Wir begleiten meine Tante morgen nach Köln.
Meine Tante begleiten wir morgen nach Köln.
Nach Köln begleiten wir morgen meine Tante.
Nach Köln begleiten wir meine Tante morgen.
Du siehst, alle Satzteile können ihren Platz verändern, nur das
Zeitwort steht immer an der zweiten Stelle des Satzes.

Sinnvolle Satzpaare

Der Sommer hatte längst begonnen, aber es war immer noch
naßkalt.
Im Osten geht die Sonne auf, und im Westen geht sie unter.
Viele Gäste waren zur Feier gekommen, sogar (auch) Onkel
Franz aus Australien war erschienen.
Alle waren pünktlich am Bahnhof, nur (jedoch) Elke hatte sich
etwas verspätet.
Kurt übt fleißig, denn er will ein gutes Zeugnis bekommen.
Mutter backt einen Kuchen, und (auch) Irene darf ihr dabei helfen.
Manfred wollte ins Kino gehen, doch (aber) sein Taschengeld
reichte nicht aus.
Wir bekommen bestimmt Hitzefrei, denn es ist sehr warm in der
Klasse.

Im letzten Augenblick (Auswechseln der gleichen Satzanfänge)

Während meine Mutter unterwegs war, sollte ich noch einiges zum Abendbrot einkaufen. Aber erst wollte ich mir den Krimi im Fernsehen angucken. Der war so spannend, daß ich gar nicht mehr an das Einkaufen dachte. Schließlich schaute ich auf die Uhr und erschrak, denn in wenigen Minuten war Geschäftsschluß. Ich hatte Glück, denn sie wollten gerade die Tür absperren. Aber ich bekam noch alles, was mir meine Mutter aufgeschrieben hatte.

Umstellung der wörtlichen Rede

Mutter fragte: „Wie war es heute in der Schule?"
„Ich habe für den Aufsatz eine Eins bekommen", antwortete ich strahlend. „Wie war es heute in der Schule?" fragte Mutter.
Strahlend antwortete ich: „Ich habe für den Aufsatz eine Eins bekommen."
Meine Mutter rief: „Das ist ja prima!"
„Vielleicht gibt mir Vati dafür wieder etwas in die Sparbüchse", sagte ich.
„Das macht er ganz bestimmt", meinte Mutter.
Lachend sagte ich: „Meine Sparbüchse hat nämlich Hunger."
Frohgelaunt sprach Mutter: „Für den Hunger gibt's natürlich auch von mir ein Geldstück. Du, siehst, Übung macht den Meister!"
Achte dabei besonders auf die Zeichensetzung!

Umwandlung in die wörtliche Rede

Mutter ruft: „Kommt zum Essen!"
Elli bat: „Nimm mich mit!"
Udo rief: „Ihr habt einen Vogel"
Der Arzt fragte: „Hast du Magenschmerzen?"
Peter sagte: „Ich will euch in den Ferien besuchen."
Der Kaufmann fragte: „Welche Äpfel möchtest du haben?"

Helgas Telefongespräch (Beispiel)

„Hallo, Doris!" -
„Wie geht es dir?" -
„Hier ist in der neuen Wohnung noch allerhand Arbeit. Aber es
gefällt mir ganz gut hier." -
„Richtig eingelebt habe ich mich aber noch nicht." -
„Die Schule ist ganz in der Nähe." -
„Ich möchte dich gern am Freitag besuchen. Geht das?" -
„Ich könnte um 15.10 Uhr in Düsseldorf am Hauptbahnhof sein." -
„Das wäre prima!" -
Wir haben ja eine Menge zu erzählen." -
„Ja!" -
Hörst Du? Paß auf: 6, 5, 4, 3, 2, 1." -
„Weißt du die Vorwahl von Köln?" -
„Ist das denn möglich?" -
„Prima!" -
„Mache ich!" -
„Das schöne Wetter wollen wir ausnutzen!" -
„Ich auch. Grüße deine Eltern schön!"

C. Bange präsentiert:
Bestseller für die Grund- und Hauptschule

Lebensnahe Diktate für die Grundschule mit angegliederten Übungsmöglichkeiten für das 2. bis 4. Schuljahr von Klaus Sczyrba

5. Auflage 1992, Best.-Nr.: 0610-6

Dieses Übungsbuch ist aus der Erfahrung langjähriger Schularbeit entstanden und soll den Kindern vom 2. bis. 4. Schuljahr helfen, ihre Rechtschreibleistungen zu verbessern.

Dazu werden 150 Diktate geboten, die in Ausmaß und Schwierigkeitsgrad dem Alter der Kinder entsprechen.

Zur vertiefenden Behandlung aller Rechtschreibbereiche sind jedem Diktat eine Reihe Übungsmöglichkeiten beigefügt, die Hilfen für die Klassenarbeit, aber auch für die häusliche Übung einzelner, bieten soll.

Neue lebensnahe Diktate mit zahlreichen Übungsmöglichkeiten für das 2. bis 10. Schuljahr von Klaus Sczyrba

2. Auflage 1991, Best.-Nr.: 0611-4

Wie in den früheren Ausgaben dieses Buches werden hier wieder über 200 Diktate geboten, die in Ausmaß und Schwierigkeitsgrad dem Alter des Kindes entsprechen. Die Diktattexte können bei geringerem Leistungsstand der Kinder ohne Schwierigkeiten gekürzt oder vereinfacht werden.

Der Wortschatz, der in der Folge der Diktate und Übungen mit den erforderlichen Wiederholungen, rechtschreibmäßig gesichert werden soll, erweitert sich allmählich.

Ein Übungsbuch auch für die häusliche Arbeit mit den Eltern!

50 Kurzdiktate mit 250 Übungsmöglichkeiten für das 4. bis 7. Schuljahr von Klaus Sczyrba

2. Auflage 1992, Best.-Nr.: 0477-4

Der bekannte Autor Klaus Sczyrba bringt wieder eigene Diktate für rechtschreibschwache Schüler und Schülerinnen zum häuslichen Arbeiten.

Für die Hand des Lehrers als Kurztest-Übungen im Unterricht bestens geeignet. Der Autor hat selbst im Unterricht erfolgreich damit gearbeitet.

Rechtschreib-Olympiade 5. und 6. Schuljahr von Klaus Sczyrba

Rechtschreiben + Zeichensetzung + 25 Kurzdiktate + Lösungsheft

Best.-Nr.: 0475-8

Ein Rechtschreibbuch, welches durch seinen Wettbewerbscharakter den etwas trockenen Stoff für den Übenden lebendig darbietet.

Kurze Übungstexte zu den Schwierigkeiten der deutschen Sprache werden allen Benutzern Hilfe geben und einprägsam zukünftige Fehler vermeiden helfen.

Bange
Lernhilfen

in Ihrer Buchhandlung vorrätig

Chemie

Deutsch

Englisch

Französisch

Geschichte

Latein

Mathematik

Philosophie

Physik

Gesamtverzeichnis

Chemie

Th. Bokorny
Chemie-Gerüst

Wegweiser und Ratgeber für Schüler und Abiturienten.
14. Auflage
128 Seiten
Bestell-Nr. 0674-2

Dieses kurze, in Tabellenform abgefaßte, Vademecum der Chemie soll kein Lehrbuch oder Lexikon sein, sondern die großen Linien und wissenswerten Teile der modernen Chemie übersichtlich klar und einprägsam veranschaulichen und in Erinnerung bringen.

Thomas Neubert
Chemische Formelsammlung 9.-10. Klasse

36 Seiten
Bestell.-Nr. 0685-8

Hier wurden die wesentlichen Formeln mit Ihren Anwendungsmöglichkeiten aufgezeichnet. Für den Schulunterricht und für häusliches Arbeiten ein wichtiges Hilfsmittel – echte Lernhilfe!

Deutsch

Bernd Matzkowski
Basisinterpretationen für den Literatur- und Deutschunterricht III

Untersuchungen und didaktische Hinweise zum Volksbuch Till Eulenspiegel.

Hinweise auf den Schelmenroman.

80 Seiten
Bestell-Nr. 0598-3

Sachanalyse - Ausgewählte Historien - Motivquerverbindungen zu Schelmenromanen des 16. und 17. Jahrhunderts - Vorschläge für die Behandlung im Unterricht u.a.

Bernd Matzkowski/Ernst Scott
Basisinterpretationen für den Literatur- und Deutschunterricht IV

36 moderne deutsche Kurzgeschichten mit Arbeitsfragen.

112 Seiten
Bestell-Nr. 0599-1

Interpretation der Kurzgeschichten mit Arbeitsfragen zu
ARBEITSTEXTE FÜR DEN UNTERRICHT (Reclam)
Deutsche Kurzgeschichten 11.-13. Schuljahr und Pratz/
Tiel:
NEUE DEUTSCHE KURZGESCHICHTEN
(Deisterweg)

Karin Cohrs/Martin H. Ludwig
Basisinterpretationen für den Literatur- und Deutschunterricht V

Romane und Novellen des 19. Jahrh.

120 Seiten
Bestell-Nr. 0631-9

Aus dem Inhalt:
Einleitung, Politik und Kultur des 19. Jahrhunderts - Interpretationen ausgewählter Romane und Novellen.

Kurzbiographie des Dichters - Entstehung des Werkes - Inhalt - Charaktere - Situationen - Erschließung des Textes (stilistische Besonderheiten, literaturhistorischer Rahmen, gesellschaftliche und politische Bezüge usw.). Arbeitsfragen.
Hoffmann, Das Fräulein von Scuderi - Kleist, Das Erdbeben in Chili - Mörike, Maler Nolten - Gotthelf, Wie Uli der Knecht glücklich wird - Storm, Immensee - Droste-Hülshoff, Die Judenbuche - Raabe, Die Akten des Vogelgesangs - Fontane, Der Stechlin - Eichendorff, Aus dem Leben eines Taugenichts - Keller, Die drei gerechten Kammacher - Storm, Hans und Heinz Kirch - Raabe, Die schwarze Galeere - Fontane, Schach von Wuthenow - Hauptmann, Bahnwärter Thiel

Rüdiger Giese/Christian Floto
Basisinterpretationen für den Literatur- und Deutschunterricht VI

Romane und Novellen aus dem 20.Jahrhundert

112 Seiten
Bestell-Nr. 0473-1

Schnitzler, Leutnant Gustl - Mann, Tod in Venedig - Kafka, Die Verwandlung - Hesse, Der Steppenwolf - Kästner, Fabian - Mann, Mephisto - Zweig, Schachnovelle - Böll, Haus ohne Hüter - Wolf, Der geteilte Himmel - Kempowski, Tadellöser und Wolff

Bausteine - Deutsch

stellt detaillierte Unterrichtsstunden zur Behandlung unterschiedlichster Texte für die Sekundarstufen I und II vor.

Anordnung der Stunden als Sequenzen - Texte und Textanalysen - Didaktisch-methodische Arbeitshinweise - praktisch zu handhaben.

Angesprochen sind Lehrer und Lehramtsanwärter aller Schulformen.

Autoren sind: Praktiker - Ausbilder - Fachwissenschaftler aus allen Schulformen.

Bausteine Lyrik I

Spiel mit Sprache/Lyrischer Humor/Konkrete Poesie
Bestell-Nr. 0650-5

Bausteine Lyrik II

Balladen/Modernes Erzählgedicht/Chanson/Politische Lyrik/Thema- und Motivverwandtschaft.
Bestell-Nr. 0651-3

Gerhart Hauptmann: Die Weber
Bestell-Nr. 0652-1

Max Frisch: Homo Faber
Bestell-Nr. 0653-X

Theodor Storm: Pole Poppenspäler
Bestell-Nr. 0654-8

Albert Camus: Die Pest
Bestell-Nr. 0655-6

George Orwell: 1984/Animal Farm
Bestell-Nr. 0656-4

Thomas Mann: Tonio Kröger
Bestell-Nr. 0657-2

Goethe-Plenzdorf: Werther
Bestell-Nr. 0658-0

Theodor Storm: Schimmelreiter
Bestell-Nr. 0659-9

Gotth. E. Lessing: Nathan der Weise
Bestell-Nr. 0660-2

Fr. Dürrenmatt:
Der Richter und sein Henker
Bestell-Nr. 0661-0

Joh. W. von Goethe: Faust I/II
Bestell-Nr. 0662-9

Jos. v. Eichendorff: Taugenichts
Bestell-Nr. 0663-7

Hermann Hesse: Der Steppenwolf
Bestell-Nr. 0664-5

Franz Kafka: Kurze Prosaformen
Bestell-Nr. 0665-3

Joh. Wolfg. von Goethe:
Iphigenie auf Tauris
Bestell-Nr. 0666-1

Bert Brecht: Leben des Galilei
Bestell-Nr. 0667-X

Dichtung in Theorie und Praxis

Texte für den Unterricht

Mit dieser Serie von Einzelheften legt der BANGE-VER-LAG Längs- und Querschnitte durch Dichtungs-(Literatur) Gattungen für die Sekundarstufen vor.
Jeder Band ist - wie der Reihentitel bereits aussagt - in die Teile Theorie und Praxis gegliedert; darüber hinaus werden jeweils zahlreiche Texte geboten, die den Gliederungsstellen zugeordnet sind. Ein Teil Arbeitsanweisungen schließt sich an, der entwder Leitfragen für die einzelnen Abschnitte oder übergeordnete oder beides bringt.
Wir hoffen bei der Auswahl der Texte eine „ausgewogene Linie" eingehalten und die Bände für die Benutzer wirklich brauchbar gestaltet zu haben.

Bestell-Nr.

450 Die Lyrik	**457 Die Fabel**
451 Die Ballade	**458 Der Gebrauchstext**
452 Das Drama	**459 Das Hörspiel**
453 Kriminalliteratur	**460 Trivialliteratur**
454 Die Novelle	**461 Die Parabel**
455 Der Roman	**462 Die politische Rede**
456 Kurzprosa	**463 Deutsche Lust-**
(Kurzgeschichte,	**spiele und Komödien**
Kalendergeschichte/	
Skizze/Anekdote)	

Egon Ecker
Wie interpretiere ich Novellen und Romane?
Methoden und Beispiele

180 Seiten - 3. veränderte Auflage

Bestell-Nr. 0686-6

Notizen zur Betrachtung eines dichterischen Textes - zur Technik der Interpretation.

Beispiele:
Keller, Drei gerechte Kammacher

Novellen:
Büchner, Lenz - Storm, Schimmelreiter - Andres, Die Vermummten

Romane:
Mann, Königl. Hoheit - Frisch, Homo Faber - Andres, Knabe im Brunnen - Andersch, Sansibar.
Zur Theorie der Novelle - Zur Theorie des Romans - Gliederungsvorschläge - Themenvorschläge - Literaturverzeichnis

Epochen deutscher Literatur
Kurzgefaßte Abhandlung für den Deutschunterricht an weiterführenden Schulen.

Bestell.-Nr. 0480
Die deutsche Romantik I
Frühromantik

Bestell.-Nr. 0481
Realismus des 19. u. 20. Jahrhunderts

Bestell.-Nr. 0482
Impressionismus und Expressionismus

Bestell.-Nr. 0483
Sturm und Drang

Bestell.-Nr. 0484
Die deutsche Romantik II
Spätromantik

Bestell.-Nr. 0485
Die Deutsche Klassik

Bestell.-Nr. 0486
Von der Aufklärung zum Sturm und Drang
Literaturgeschichtliche Querschnitte

Bestell.-Nr. 0487
Deutsche Dichtung des Barock

Textanalyse 1 Umgang mit fiktionalen (literarischen) Texten
152 Seiten

Bestell-Nr. 0641-6

Aus dem Inhalt:
I. Der Begriff des fiktionalen Textes: Das "Ästhetische" der Literatur - Betrachtungsweisen von Literatur - Literarische Wertung.

II. Probleme der Interpretation: Der Prozeß des "Verstehens" - Methoden der Literaturinterpretation - Arbeitstechniken (Textwiedergabe / Texterarbeitung / Texterörterung).

III. Beispiele für Interpretationen: Epische Texte - Dramatische Texte - Gedichte.

IV. Massenliteratur.

Textanalyse 2
Umgang mit nichtfiktionalen
(Gebrauchs-)Texten

144 Seiten

Bestell-Nr. 0642-4

Aus dem Inhalt:
I. Der Textbegriff.
II. Eine Typologie von Gebrauchtexten.
III. Bedingungen der Textanalyse.
IV. Methoden der Textanalyse: Textwiedergabe - Textbeschreibung - Texterörterung.
V. Beispiele für Textanalysen: Darstellende Texte (Sachtexte/Wissenschaftliche Texte) - Werbende Texte (Werbetexte/Politische Reden) - Gesetzestexte.

Robert Hippe
Umgang mit Literatur

2. Auflage, 116 Seiten

Bestell-Nr. 0564-9

Definition von Literatur - Grundformen von Literatur - Merkmale der Lyrik - Merkmale der Epik - Merkmale der Dramatik - Formprobleme der Literatur - Aufbauprobleme in der Literatur - Arten der Interpretation - Was ist Interpretation - Literatur und Wirklichkeit u.v.a.

Robert Hippe
Sprach- und Textbetrachtung

132 Seiten

Bestell-Nr. 0569-X

Sprachbetrachtung

Historisch - Theorien über die Entstehung der Sprache(n) - Die indogermanische (idg.) Sprachfamilie - Die geschichtliche Entwicklung des Hochdeutschen - Lehn- und Fremdwörter - Sprachrätsel und Sprachspiele - Auswahl-Bibliographie.
Systematisch - Grammatik - die traditionelle Grammatik - Die generative Transformationsgrammatik - Die strukturelle Grammatik.

Textbetrachtung

Allgemeines - Definition von Text - Textsorten - Beispiele - Übungen - Auflösung der Rätsel.

Robert Hippe
Kurzgefaßte deutsche Grammatik und Zeichensetzung

9. Auflage, 72 Seiten

Bestell-Nr. 0515-0

Ein Abriß der deutschen Grammatik systematisch und fundamental dargeboten; beginnend mit den Wortarten, Betrachtung der Satzteile und Nebensätze bis zu den Satzzeichen, Beispiele durchsetzen das Ganze und Lösungen sollen Fehler auffinden helfen. Ein nützliches, in Tausenden von Exemplaren bewährtes, Übungs- und Nachhilfebuch.

Robert Hippe
Interpretationen zu 62 ausgewählten motivgleichen Gedichten

mit vollständigen Gedichtstexten
7. Auflage, 120 Seiten

Bestell-Nr. 0587-7

Der Verfasser hat die wiedergegebenen Interpretationen und Auslegungen in langen Gesprächen und Diskussionen mit Oberprimanern erarbeitet. Die hier angebotenen Deutungsversuche erheben keinen Anspruch auf die einzig mögliche oder richtigen, sondern sollen Ausgangspunkte für Weiterentwicklungen und Erarbeitungen sein.
Aus dem Inhalt: Themen wie Frühling - Herbst - Abend und Nacht - Brunnen - Liebe - Tod - Dichtung u.v.a.

Robert Hippe
Interpretationen zu 50 modernen Gedichten

mit vollständigen Gedichtstexten
5. Auflage, 136 Seiten

Bestell-Nr. 0597-5

Der vorliegende Band verspricht Interpretationshilfe und Deutungsversuche - in unterschiedlicher Dichte und Ausführlichkeit - für 50 moderne Gedichte. Materialien und Auswahlbibliographie geben den Interessenten Hilfen für den Deutsch- und Literaturunterricht. Für den Lehrer eine echte Bereicherung zur Vorbereitung des Unterrichts.

Aus dem Inhalt: Lasker-Schüler - Hesse - Carossa - Benn - Britting - Brecht - Eich - Kaschnitz - Huchel - Kästner - Bachmann - Piontek - Celan - Härtling - Reinig - Grass - Enzensberger u.v.a.

Interpretationen motivgleicher Gedichte in Themengruppen

mit vollständigen Gedichtstexten

Band 1:
Edgar Neis
Der Mond in der deutschen Lyrik

2. Auflage, 80 Seiten

Bestell-Nr. 0620-3

Arp - Bischoff - Borchert - Boretto - Britting - Brokkes - Bürger - Claudius - Däubler - Droste-Hülshoff - Geibel - Gleim - Goethe - Härtling - Heine - Holz - Klopstock - Krähenbühl - Krolow - Lange - Lehmann - Leonhard - Lichtenstein - zur Linde - Maurer - Morgenstern - Rasche - Rühmkorf - v. Stollberg - Trakl - v.d. Vring - Werfel - Wiens.

Band 2:
Edgar Neis
Politisch-soziale Zeitgedichte
3. Auflage, 112 Seiten
Bestell-Nr. 0621-1
Bachmann - Biermann - Brecht - Bürger - Celan - Dehmel - Domin - Enzensberger - Le Fort - Freiligrath - Gryphius - Hädecke - Hagelstange - Heine - Herwegh - Keller - Kerr - Logau - Marti - Platen - Sabias - Salis - Schenkendorf - Schiller - Schreiber - Schubart - Tucholsky - W.v.d. Vogelweide - Weitbrecht - Wildenbruch.

Band 6:
Robert Hippe
Die Jahreszeiten im deutschen Gedicht
2. Auflage, 80 Seiten
Bestell-Nr. 0625-4
Benn - Britting - Claudius - George - Gerhardt - Goes - Goethe - Hagedorn - Heine - Hebbel - Hesse - Hofmannsthal - Hölderlin - Hölty - Huchel - Lenau - Logau - C.F. Meyer - Mörike - Rilke - Stadler - Storm - Trakl - Uhland - W.v.d. Vogelweide.

Band 7:
Robert Hippe
Deutsche politische Gedichte
2. Auflage 68 Seiten
Bestell-Nr. 0626-2
Baumann - Biermann - Becher - Below - Brecht - Delius - Enzensberger - Fried - Fürnberg - Gomringer - Grass - Heine - Hoffmann v. Fallersleben - Holzapfel - Karsunke - Kunert - Luckhardt - Morawietz - Pottier - Radin - v. Saar - Scherchen - Schneckenburger - U. Schmidt - Schuhmann- Vesper - Walraff - Weinheber - Wessel - Zimmerling.

Band 8:
Edgar Neis
Die Welt der Arbeit im deutschen Gedicht
100 Seiten
Bestell-Nr. 0627-0
Barthel - Bartock - Billinger - Brambach - Bröger - Chamisso - Dehmel - Dortu - Engelke - Freiligrath - Grisar - Heine - Herwegh - Jünger - Krille - Lersch - Lessen - Naumann - Petzold - Pfau - Piontek - Rilke - Schreiber - Seidel - Weerth - Weinheber - Wieprecht - Winckler - Zech.

Band 9:
Edgar Neis
Deutsche Tiergedichte
136 Seiten
Bestell-Nr. 0628-9
Barth - Bergengruen - Billinger - Boretto - Brecht - Britting - Busch - Claes - Dauthendey - Dehmel - Domin - Droste-Hülshoff - Eggebrecht - Eich - Freiligrath - Gellert - Gleim - Goethe - Grillparzer - Groth - Härtling - Hagedorn - Hausmann - Hausmann - Hebbel - Heine - Hesse - Huchel - F.G. Jünger - W. Lehmann - Liliencron - A.G. Kästner - Keller - Kolmar - Krolow - C.F. Meyer - Morgenstern - Pfeffel - Piontek - Rilke - Ringelnatz - Eugen Roth - N. Sachs - Schaefer - Trakl - Vring - Weinheber - Wiedner - Zachariae - Zuckmayer.

Interpretationen zeitgenössischer deutscher Kurzgeschichten

Karl Brinkmann
5. Auflage, 80 Seiten
Bestell-Nr. 0602-5
Band 3: Aichinger, Plakat - Alverdes, Die dritte Kerze - Böll, Damals in Odessa / Mann mit den Messern / Lohengrins Tod / Wanderer kommst du nach Spa ... - Borchert, Die lange, lange Straße lang / Generation ohne Abschied / Lesebuchgeschichten - Eisenreich, Ein Augenblick der Liebe - Gaiser, Brand im Weinberg / Du sollst nicht stehlen - Langgässer, Die zweite Dido / Glück haben - Lenz, Jäger des Spottes - Schnurre, Die Tat - Spang, Seine große Chance - Spervogel, Hechtkönig - Wiechert, Hauptmann v. Kapernaum / Hirtenknabe.

Martin Pfeifer
4. Auflage, 84 Seiten
Bestell-Nr. 0603-3
Band 4: Aichinger, Hauslehrer / Nichts und das Boot - Bender, Die Wölfe kommen zurück - Böll, Über die Brücke / Es wird etwas geschehen - Brecht, Mantel des Ketzers - Britting, Brudermord im Altwasser - Eich, Züge im Nebel - Ernst, Das zweite Gesicht - Fallada, Lieber Hoppepoppel - Franck, Taliter - Hesse, Beichtvater / Bettler - Johnson, Jonas zum Beispiel - Kusenberg, Eine ernste Geschichte - Langgässer, Saisonbeginn - Le Fort, Frau des Pilatus - Meckauer, Bergschmiede - Pohl, Yannis letzter Schwur - Rinser, David - Schäfer, Hirtenknabe - Schallück, Der Tod hat Verspätung - v. Scholz, Das Inwendige - Walser, Ein schöner Sieg - Weisenborn, Aussage.

Edgar Neis
3. Auflage, 56 Seiten
Bestell-Nr. 0604-1
Band 5: Borges, Das geheime Wunder - Calderón, Invasion - Callaghan, ein sauberes Hemd - Campos, Solidarität - Carson, Ein Mädchen aus Barcelona - Hemingway, Die Killer - Huxley, Schwimme - Joyce, Eveline - Katajew, Die Messer - Mansfield, Für sechs Pence Erziehung - Manzoni, Die Repräsentiertasse - Olescha, Aldebaran - Saroyan, Vom Onkel des Barbiers, dem von einem Zirkustiger der Kopf abgebissen wurde - Sartre, Die Mauer - Timmermans, Die Maske.

Rudolf Kanzler
64 Seiten
Bestell-Nr. 0606-8
Band 7: Aichinger, Die Silbermünze - Altendorf, Der Knecht Persenning - Andersch, Ein Auftrag für Lord Glouster - Bauer, Hole deinen Bruder an den Tisch - Britting, Der Gang durchs Gewitter - Dörfler, Der Kriegsblinde - Hesse, Das Nachtpfauenauge - Hildesheimer, Der Urlaub - Kaschnitz, Gespenster - Lenz, Die Nacht im Hotel - Th. Mann, Das Eisenbahnunglück - Noack, Die Wand - Ohrtmann, Der Sched ist wieder da - Rinser, Der fremde Knabe - Schallück, Unser Eduard - Wiechert, Mein erster Adler.

Wolfgang Kopplin
Kontrapunkte
160 Seiten
Bestell-Nr. 0547-9

Kontroversinterpretationen zur modernen deutschsprachigen Kurzprosa.
Prosatexte, zwischen 1963 und 1975 entstanden, dienen dem Autor dazu, die dialektische Methode des Pro und Kontra als Interpretationsansatz anzuwenden. Dem Primärtext schließen sich jeweils die Kontroversinterpretationen an. Ein Buch, welches Anregungen zum Verstehen und zur Entschlüsselung von Texten gibt.
Inhalt: Texte von Artmann - Bichsel - Dellin - Gerz - Gregor - Kunert - Reinig - Schnurre u.a. werden in einer Pro- und Kontra-Interpretation vorgestellt.

Albert Lehmann
Erörterungen
**Gliederungen und Materialien
Methoden und Beispiele**
5. verb. Auflage, 184 Seiten
Bestell-Nr. 0692-0

Die vorliegende Sammlung von 58 Gliederungen, die durch Erläuterungen - vornehmlich Beispiele - zu den einzelnen Gliederungspunkten erweitert sind, sollen die Wiederholung des Jahresstoffes erleichtern.
Stoffkreisthemen: Natur - Tourismus - Technik - Freizeit - Arbeit/Beruf - Konflikte zwischen den Generationen - Drogen - Kinder und Familie - Die Stellung der Frau in der Gesellschaft - Sport - Massenmedien und viele Einzelthemen.

Für Lehrer ein unentbehrliches Nachschlage- und Vorbereitungsbuch.

Martin H. Ludwig
Das Referat
Kurze Anleitung zu einer Erarbeitung und Abfassung für Schüler und Studenten.
4. Auflage
Bestell-Nr. 0646-7

Planen und Sammeln - Bibliographieren - Schreiben und Zitieren - Lesen und Notieren - Auswerten und Gliedern - Der Text - Der Vortrag.

Martin H. Ludwig
Praktische Rhetorik
Reden - Argumentieren - Erfolgreich verhandeln
3. Auflage
Grafiken - 136 Seiten
Bestell.-Nr. 0688-2

Praktische Rhetorik ist ein Übungsfeld für jedermann! Ob bei der Sammlung von Gedanken, bei der Konzentration der Argumente, bei der Gestaltung einer Rede, in der Rücksichtnahme auf den Verhandlungspartner, bei der Vorsicht vor „gefährlichen" Redewendungen.

Aus dem Inhalt: Formale Rhetorik - Dekorative Rhetorik - Verwendung von Argumenten in der Verhandlung - Psychologie in der Verhandlung - Einzelne Techniken zur Durchsetzung von Anliegen - Positive Verhandlungstechniken - Wie wehre ich mich gegen ...? - Typische Verhandlungssituation - Wann sind welche Techniken angebracht?

Martin H. Ludwig/
Eckhard Ostertag
Lernen - Qual oder Zufall?
Vademecum der Lernarbeit
160 Seiten
Bestell-Nr. 063-4

Dieses Buch ist für solche Menschen geschrieben, die aus eigenem Antrieb lernen möchten, die eine Hilfe und Anleitung für ein leichteres und effektiveres Lernen gebrauchen können.

Aus dem Inhalt: – Warum Lernen lernen? – Wer lernt was warum? – Unter welchen Voraussetzungen lernen wir? – Wie lernen? – Wie lange lernen? – Wieviel lernen? – Wann lernen? – Wie oft lernen? – Womit lernen? – Wo lernen? – Lernen - ein Abenteuer mit sich und mit anderen – Wie das Gelernte festigen? Das eigene Mehrkanalprogramm – Lernen macht Spaß! – Checklisten und Übersichten

Methoden und Beispiele
der Kurzgeschichten-Interpretation
4. Auflage, 114 Seiten
Bestell-Nr. 0691-2

Herausgegeben und erstellt von einem Arbeitskreis der Pädagog. Akademie Zams.

Methoden: Werkimmanente, existenzialistische, grammatische, stilistische, strukturelle, kommunikative, soziologische, geistesgeschichtliche, historisch/biographisch/symbolistische Methode.

Beispiele: Eisenreich - Cortázar - Dürrenmatt - Brecht - Horvath - Bichsel - Kaschnitz - Lenz - Weißenborn - Rinser - Borchert - Nöstlinger - Wölfel - Langgässer.

An Beispielen ausgewählter Kurzgeschichten werden die einzelnen Methoden der Interpretation demonstriert und erläutert. Information und Nachschlagewerk für den Unterricht in den Sekundarstufen.

Edgar Neis
Das neue große Aufsatzbuch
-Methoden und Beispiele des Aufsatzunterrichts für die Sekundarstufen I und II -
212 Seiten - 6. erweiterte Auflage
Bestell-Nr. 0636-X

Inhalt:
Zur Technik des Aufsatzschreibens - Stoffsammlung und Disposition - Wie schreibe ich eine Charakteristik? - Wie schreibe ich eine Erörterung? - Der dialektische Besinnungsaufsatz - Themen und Aufsätze zu Problemen unserer Zeit - Aufsätze zur Literatur - Wege der Texterschließung - Interpretationshinweise - Fachbegriffe der Aufsatzlehre (Lexikon der Terminologien) - Vorschläge für Aufsatzthemen - Themenkatalog für das Ende des 20. Jahrhunderts - Literaturnachweis.
Dieses Buch richtet sich an Lehrer und Schüler von Haupt-, Real- und Oberschulen (Gymnasien).
Breit einsetzbar in Grund- und Leistungskursen.

Edgar Neis
Deutsche Diktatstoffe
-Unterstufe-
3. bis 7. Jahrgangsstufe
7. Auflage, 64 Seiten
Bestell-Nr. 0524-X

Edgar Neis
Moderne deutsche Diktatstoffe
-Sekundarstufe I-

5.-10. Jahrgangstufe

3. Auflage, 118 Seiten

Bestell-Nr. 0693-9

Beide Bände sollen der Einübung und Wiederholung der Rechtschreibung und Zeichensetzung dienen. Jeder Band gliedert sich in zwei Teile, einen systematischen Teil, der zielbewußter Einübung von Wörtern, deren Schreibung Schwierigkeiten bereitet, dient und einen allgemeinen Teil. Dieser bringt zusammenhängende Diktatstoffe aus dem deutschen Schrifttum. Die Namen der Verfasser bürgen für die Stilhöhe der einzelnen Texte.

Edgar Neis
Interpretationen von 66 Balladen, Erzählgedichten und Moritaten

Analysen und Kommentare
6. Auflage, 176 Seiten

Bestell-Nr. 0590-8

Balladen des 18., 19. und 20. Jahrhunderts werden in diesem für Lehrer, Studenten und Schüler bestimmten Band ausführlich interpretiert und durch Erklärungen Verständnis für diese Art Dichtung geweckt. Eine unentbehrliche Hilfe für den Deutsch- und Literaturunterricht.

Aus dem Inhalt: Bürger - Herder - Goethe - Schiller - Uhland - Eichendorff - Heine - Droste-Hülshoff- Miegel - Brecht - Huchel - Celan - Chr. Reinig - Kunert u.v.a.

Edgar Neis
Interpretationen motivgleicher Werke der Weltliteratur

2. Auflage, je 144 Seiten

Dramatische, epische und lyrische Gestaltung der bekanntesten Stoffe der Weltliteratur werden mit knappen Inhaltsangaben vorgestellt und miteinander vergleichend interpretiert.

Band 1:
Mythische Gestalten   **Bestell-Nr. 0548-7**

Alkestis - Antigone - Die Atriden (Elektra / Orest) - Iphigenie - Medea - Phädra

Band 2:
Historische Gestalten   **Bestell-Nr. 0549-5**

Julius Caesar - Coriolan - Der arme Heinrich - Die Nibelungen - Romeo und Julia - Jeanne d'Arc / Die Jungfrau v. Orleans - Johann Joachim Winckelmann

Edgar Neis
Verbessere Deinen Stil

3. Auflage, 120 Seiten

Bestell-Nr. 0539-8

Der Autor versucht im vorliegenden Band vom grundlegenden Schema über Wortwahl und Satzgestaltung den Interessenten zu einer guten Ausdrucksform zu führen. Stil ist erlernbar, deshalb wurden im 2. Teil viele künstlerisch gestaltete, stilvolle Beispiele wiedergegeben.

NEU!
Egon Ecker
Wie interpretiere ich Gedichte?
- Methoden anhand von vielen Beispielen -

ca. 160 Seiten

Bestell-Nr. 0695-5

In diesem Buch geht es nicht darum, Gedichtinterpretationen vorzustellen, sondern einen Weg von vielen möglichen Wegen aufzuzeigen, wie man Gedichte interpretieren kann.
Dabei sind bewußt Texte ausgewählt worden, von denen zahlreiche, oft widersprüchliche Interpretationen vorliegen, weil es eben nicht um den Interpretations-Inhalt, sondern die Interpretationsmethode geht.
Anhand von Gedichten der verschiedensten Epochen werden Hinweise gegeben, wie man inhaltlich und formal Texte erklären und verständlich machen kann. Die Arbeitsweise vollzieht sich dabei in vier Schritten:
- dem jeweiligen Gedicht folgt eine Anleitung und Stoffsammlung / eine Gliederung und Gliederungsskizze / eine Ausarbeitung und Auswertung / Aufgaben zum Text

Edgar Neis
Wie interpretiere ich ein Drama?
Methoden und Beispiele
4. überarb. Auflage - 236 Seiten

Bestell-Nr. 0697-1

Erstbegegnungen mit dramatischen Formen - Methode des Interpretierens - Wege zur Erschließung und Analyse eines Dramas.

Arbeit im Detail: Titel, Personen, Handlung, Aufbau, Sprache, Realisation, Bühnengestaltung, Regieanweisungen, sozio-kulturelle und historische Einordnung usw.

Modellinterpretationen - Zur Theorie des Dramas - Literaturverzeichnis.

Interessenten: Lehrer und Schüler aller Schulgattungen.

Edgar Neis
Wie interpretiere ich Gedichte und Kurzgeschichten?
15. Auflage, 208 Seiten

Bestell-Nr. 0584-3

Ein "Grundkurs", die Kunst der Interpretation zu erlernen und zu verstehen. Die tabellarischen Leitlinien führen den Benutzer des Buches zum Verständnis für diese Gattung der Poesie. Anhand von zahlreichen durchgeführten Interpretationen ist dieses Buch ein unentbehrliches Hilfsmittel für Schüler und Lehrer.

Eckhard Ostertag

Berufswahl - leichtgemacht

Der Fahrplan für eine systematische Berufsentscheidung
Grafiken – 112 Seiten

Bestell-Nr. 054-5

Was soll ich werden? – Welcher Beruf hat Zukunft? –
Was kommt nach der Schule? – Wer hilft mir bei der Be-
rufswahl? – Was kann ich tun, um nicht arbeitslos zu
werden? – Wie bewerbe ich mich richtig? – Wie erhalte
ich eine Lehrstelle? – Wie komme ich an einen Studien-
platz?

Viele Fragen, Fragen, die heute oft nicht leicht zu beantworten sind. Existenzielle Fragen aber für alle jungen
Menschen, die in einer Zeit des wirtschaftlichen und
technologischen Umbruchs sich für einen Beruf ent-
scheiden müssen.

Das vorliegende Buch will für alle Berufssuchende und
deren Berater eine praktische Lebenshilfe geben. Es
wird ein Fahrplan vorgelegt, der die vielfältigen Statio-
nen des Berufswahlverlaufs übersichtlich und systematisch aufzeigt.

Reiner Poppe

Aufsätze im Deutschunterricht

für das 5.–10. Schuljahr

Themen - Techniken - Beispiele

120 Seiten

Bestell-Nr. 0464-2

Das Aufsatzbuch ist für Schüler und Schülerinnen der
Sekundarstufe I verfaßt. Es setzt Materialien und Techniken, Beispiele und vermittelnde Information ein, um den
Schüler zum Verfassen eigener Texte **methodisch** an-
zuleiten. Die im Kapitel 4 vorgetragenen Beispiele erfas-
sen in **kommunikativen Anwendungssituationen** die
wichtigsten Textsorten:
Erzählbericht - Bericht - Beschreibung - Erörterung -
(dialektischer) Besinnungsaufsatz - Interpretation. Der
Schwerpunkt liegt dabei auf **alltagsrelevanten, prag-
matischen Varianten** dieser Grundformen (Brief,
Klappentext, Bedienungsanleitung, Sachtext, Inhalts-
skizze, Leserbrief etc.)

Gliederung: Aufsatzformen nach Jahrgangsstufen ge-
ordnet/'richtlinienkonform' - Themen zum
Üben - Techniken-Hilfsmittel, Beispiele
(exemplarisch) - Glossar - Literaturhin-
weise.

Klaus Sczyrba

50 Kurzdiktate

für das 4. - 7. Schuljahr
mit 250 Übungsmöglichkeiten

2. Auflage, 116 Seiten + Lösungsteil

Bestell.-Nr. 0477-4

Der bekannte Autor Klaus Sczyrba bringt wieder eigene
Diktate für rechtschreibschwache Schüler und Schülerinnen zum häuslichen Arbeiten.

Für die Hand des Lehrers als Kurztest-Übungen im Unterricht bestens geeignet. Der Autor hat selbst im Unterricht erfolgreich damit gearbeitet.

Klaus Sczyrba

Komm, wir schreiben!

Rechtschreibübungsheft für das 2. und 3. Schuljahr

Format: DIN A4 - 40 farbige Illustrationen
3. Auflage - 36 Seiten

Bestell-Nr. 0614-9

Freude ist der Motor zum Erfolg. Nach diesem Grund-
satz will der Autor den Kindern durch die lustbetonte,
sehr abwechslungsreiche Art dieses Heftes den Weg zu
Rechtschreibsicherung leicht machen. In frohem Tun
werden fast unauffällig fundamentale Kenntnisse der
Rechtschreibung angeeignet, ohne daß die Kinder dabei
den Eindruck des Übens haben.

NEU!

Klaus Sczyrba

Komm, wir schreiben!

Rechtschreibübungsheft für das 3. und 4. Schuljahr

Format: DIN A4 - 60 farbige Illustrationen
3. überarb. Auflage – 60 Seiten

Bestell-Nr. 0699-8

Alle Übungen für die Kinder des 3. und 4. Schuljahres
sind so angelegt, daß sie mit Freude durchgeführt werden. Sie enthalten kurzweilige Aufgaben, Reime und
Rätsel. Die Richtigkeit der Lösungen kann leicht selbst
überprüft werden.
Üben ist für Kinder oft freudlos und langweilig. Bei diesem Heft spüren sie aber nicht, daß "nur geübt" wird. In
froher, zielstrebiger Arbeit wird fast unbewußt die Recht-
schreibfertigkeit gesteigert.

NEU!

Klaus Sczyrba

Komm, wir schreiben!

Rechtschreibübungsheft für das 4. und 5. Schuljahr

Format DIN A 4 - 60 Seiten – Illustrationen

Bestell-Nr. 0479-0

Nachdem die beiden vorangegangenen Übungshefte
'Komm, wir schreiben!', einen so guten Anklang gefun-
den haben, folgt nun eins für die 4. und 5. Klasse. Es
überbrückt den oft schwierigen Übergang von der
Grundschule zu den weiterführenden Schulen im Be-
reich des Schreibens. Abwechslungsreiche, kurzweilige
Übungen, die der Altersstufe angepaßt sind, lassen die
Rechtschreibklippen überwinden und führen zur
Schreibsicherheit.
Lösungen zur Selbstkontrolle sind angefügt.
Breit einsetzbar im Unterricht.

Klaus Sczyrba

Lebensnahe Diktate

für die Grundschule mit angeliederten Übungsmöglichkeiten für das **2. bis 4 Schuljahr**
5. Auflage - 152 Seiten + Lösungsheft

Bestell-Nr. 0610-6

Dieses Übungsbuch ist aus der Erfahrung langjähriger
Schularbeit entstanden und soll den Kindern vom 2. bis
4. Schuljahr helfen, ihre Rechtschreibleistungen zu verbessern.
Dazu werden 150 Diktate geboten, die in Ausmaß und
Schwierigkeitsgrad dem Alter der Kinder entsprechen.
Zur vertiefenden Behandlung aller Rechtschreibbereiche sind jedem Diktat eine Reihe Übungsmöglichkeiten
beigefügt.

Klaus Sczyrba

Wege zum guten Aufsatz für das 5.-10. Schuljahr

2. Auflage – 176 Seiten

Bestell-Nr. 0472-3

Dieses ganz auf die Schulpraxis bezogene Büchlein bietet Hilfen und Anregungen für das Schreiben von Nacherzählungen, Erlebnisaufsätzen, Phantasiegeschichten, Beschreibungen, Schilderungen und Berichten. Außerdem enthält es Übungen zur Grammatik, zur Rechtschreibung und Ausdrucksverbesserung.

Ein weiteres Buch von unserem Erfolgsautor Klaus Sczyrba.

NEU!
Klaus Sczyrba

Wege zum guten Aufsatz für das 3. bis 5. Schuljahr

ca. 144 Seiten – Illustrationen – Format DIN A 5

Bestell-Nr. 0690-4

Da bereits in der Grundschule die Fundamente für die Aufsatzerziehung gelegt werden, kommt diesem Buch eine besondere Bedeutung zu. Es will helfen, die bei vielen Kindern bestehende Abneigung gegen das Schreiben von Aufsätzen zu überwinden und zu einem guten schriftlichen Ausdruck hinzuführen.

Klaus Sczyrba

Neue lebensnahe Diktate

mit zahlreichen Übungsmöglichkeiten für das **2. bis 10. Schuljahr**

2. Auflage - 312 Seiten

Bestell-Nr. 0611-4

Wie in den früheren Ausgaben dieses Buches werden hier wieder über 200 Diktate geboten, die in Ausmaß und Schwierigkeitsgrad dem Alter des Kindes entsprechen.

Klaus Sczyrba

Lebensnahe Dikate

mit zahlreichen Übungsmöglichkeiten für das **5. bis 7. Schuljahr** + Lösungsteil

4. Auflage - 240 Seiten

Bestell-Nr. 0613-0

In diesem Übungsbuch werden 150 Diktate geboten, die Kindern des 5. bis 7. Schuljahres helfen sollen, ihre Rechtschreibkenntnisse zu verbessern.
Zur vertiefenden Behandlung aller Rechtschreibbereiche ist jedem Diktat eine Reihe Übungsmöglichkeiten beigefügt.

Klaus Sczyrba

Lebensnahe Diktate

mit zahlreichen Übungsmöglichkeiten für das **5. bis 10. Schuljahr**

3. Auflage - 432 Seiten + Lösungsteil

Bestell-Nr. 0612-2

Auch dieses Übungsbuch soll den Kindern vom 5. bis 10. Schuljahr helfen, ihre Rechtschreibleistungen zu verbessern.
Die hier angebotenen 250 Diktate sind in Ausmaß und Schwierigkeitsgrad dem Alter entsprechend ausgewählt worden. Jedem Diktat ist eine Reihe Übungsmöglichkeiten beigefügt, ebenso wurde der entsprechende Wortschatz eingebracht.
Tabellen der Rechtschreibschwierigkeiten in den einzelnen Schuljahren runden dieses Übungsbuch ab.

Klaus Sczyrba

Lebensnahe Diktate

100 Diktattexte mit 600 Lösungsmöglichkeiten für das **8. bis 10. Schuljahr**

3. Auflage
210 Seiten + Lösungsteil

Bestell-Nr. 0471-5

Das Buch will mit seinen Diktaten und Übungen zum richtigen Gebrauch unserer Sprache beitragen. Die Diktate sind nicht nur nach Rechtschreibschwierigkeiten oder zur Anwendung einer Regel konstruiert, sondern sind auf die Bedürfnisse von Zeit und Umwelt abgestimmt.
Übungsmöglichkeiten mit Lösungen machen dieses Buch für häusliches Arbeiten und für den Unterrichtsgebrauch gleichermaßen unentbehrlich.

Klaus Sczyrba

Lebensnahe Sprachlehre in der Grundschule

50 Unterrichtsentwürfe für die Einführung aller wesentlichen Gebiete.

112 Seiten, Illustrationen

Bestell-Nr. 0615-7

Neubearbeitete 4. Auflage

Diese Unterrichtsentwürfe haben sich als eine vielbegehrte Hilfe erwiesen und ermöglichen, daß der sonst so trockene Stoff der Sprachlehre lebensnah, auf lustbetonte Weise eingeführt wird.
Jeder Entwurf ist eine Unterrichtseinheit, die sich über einen längeren Zeitraum erstreckt.

Klaus Sczyrba

Lebensnahe Grammatik für die Grundschule

für das 2. bis 4. Schuljahr

3. Auflage, 140 Seiten

Bestell-Nr. 0673-4

Die alltäglichen Begebenheiten zweier Kinder sind lebendige Einstiege in alle Bereiche der Grundschulgrammatik. In übersichtlicher Weise werden alle notwendigen Kenntnisse zur Beherrschung unserer Sprache kindgemäß in den angegliederten Übungen angewandt werden können. So ist dieses Büchlein sehr hilfreich für den Unterricht in der Schule und die häusliche Einzelarbeit.

NEU!

Klaus Sczyrba

Lebensnahe Grammatik für die Sekundarstufe I

5.-10 Klasse
Mit 100 Übungen + Lösungsteil
3. Auflage – 128 Seiten
Bestell-Nr. 0474-X

Wesentliche Ursache für die Fehlerhäufigkeit in der Rechtschreibung ist in der mangelnden grammatischen Erkenntnis zu suchen.
Das Buch will hier Abhilfe schaffen. In übersichtlicher Anordnung bietet es in den für das Leben wichtigen Bereichen der Grammatik viele Beispiele und Übungsmöglichkeiten.

NEU!

Klaus Sczyrba

Schwierigkeiten mit der deutschen Grammatik

Übungen mit Lösungen
140 Seiten
Bestell-Nr. 0694-7

Der Autor gibt in diesem Buch Hilfestellung für alle, welche sich unsicher fühlen beim Umgang mit der deutschen Grammatik.
Anhand von vielen Beispielen und Übungen werden bestehende Regeln angewandt, aufgezeigt und vertieft.
Das Übungsbuch zur dt. Grammatik.

Klaus Sczyrba

Rechtschreib-Olympiade

Übungen mit Lösungen für die 5.-7. Klasse
136 Seiten + Lösungsheft
Bestell-Nr. 0475-8

Unser Erfolgsautor Klaus Sczyrba bringt mit diesem Band ein lebensnahes Rechtschreibbuch auf den Markt, welches durch seinen Wettbewerbcharakter sicher viele Übende ansprechen wird.
Kurze Übungstexte zu den Schwierigkeiten der deutschen Sprache werden allen Benutzern Hilfe geben und einprägsam zukünftige Fehler vermeiden helfen.

Englisch

Peter Luther/Jürgen Meyer

Englische Diktatstoffe

Unter- und Mittelstufe Sekundarstufe I
2. Auflage – 64 Seiten
Bestell-Nr. 0647-5

Beginnend mit einfachsten Texten und Erklärungen wird hier der Benutzer der Bücher mit der englischen Grammatik, Wortlehre und Rechtschreibung vertraut gemacht. Die Texte geben Hinweise auf die Vorbereitung zur Nacherzählung und sind gestaffelt nach Schwierigkeiten und Themengruppen. Worterklärungen und Übungen zur Selbstkontrolle runden den Band ab.

Jürgen Meyer/Gisela Schulz

Englische Synonyme als Fehlerquellen

Übungssätze mit Lösungen
116 Seiten
Bestell-Nr. 0596-7

Dieses Übungsbuch will helfen, die im Bereich der Synonyme immer wieder auftretenden Fehler zu vermeiden.
Die Aufstellung ruht auf Beobachtungen, die die Verfasser im Unterricht gemacht haben und erhebt keinen Anspruch auf Vollständigkeit. Die Übungssätze wurden so formuliert, daß die wichtigen Bedeutungsnuancen so klar wie möglich hervortreten. Die zur Kontrolle beigefügten Lösungen geben an, ob und wo Fehler gemacht worden sind.

Jürgen Meyer

Deutsch-englische/ englisch-deutsche Übersetzungsübungen

9.–13. Klasse
3. Auflage - 104 Seiten
Bestell-Nr. 0594-0

Texte für Fortgeschrittene, die ihre Kenntnisse in Wortanwendung und Grammatik erweitern und überprüfen wollen.
Zu den zeitgemäßen deutschen Texten wurden die Vokabeln und deren Anwendungsmöglichkeiten gegeben und erklärt.
Am Schluß des Bandes die englischen Texte zur Kontrolle.
Breit einsetzbar in den Sekundarstufen, Grund- und Leistungskursen.

Jürgen Meyer/Ulrich Stau

Englisch 5./6. Klasse

Übungen mit Lösungen
2. Auflage - 96 Seiten - Viele Zeichnungen
Bestell.-Nr. 0687-4

Der gesammte Stoff Englisch der 5. und 6. Klasse wird in diesem Nachhilfebuch wiederholt. Die Benutzer können anhand von Übungen ihr Wissen testen und im Lösungsteil nachschlagen.

Der Stoff wurde den einschlägigen Lehrwerken an den Schulen der verschiedenen Bundesländer angeglichen um eine Benutzung nicht von den verschiedenen Kriterien der Bundesländer abhängig zu machen.

Den Schülerinnen und Schülern wird hier echte 'Lernhilfe' geboten!

Jürgen Meyer
Übungstexte zur englischen Grammatik

9. – 13. Klasse

3. Auflage - 96 Seiten

Bestell.-Nr. 0567-3

Der Band enthält Übungsmaterial zu aktuellen Fragen, u.a. Sachtexte zu Personen, wissenschaftlichen Entdeckungen und zeitgeschichtlichen Ereignissen, die über das heutige Großbritannien und die USA informieren. Die Texte sind mit ausführlichen Hinweisen zu den Vokabeln sowie Übungen zur Syntax und zum Wortschatz versehen. Diskussionsvorschläge und ein sorgfältig aufbereiteter Schlüssel bieten zusätzliche Unterrichtshilfen. Das Buch ist sowohl für Gruppenarbeit als auch für das Selbststudium geeignet.

Edgar Neis
Wie schreibe ich gute englische Nacherzählungen?

8. Auflage - 84 Seiten

Bestell-Nr. 0526-6

Langjährige, im gymnasialen Englischunterricht auf der Mittel- und Oberstufe, sowie bei zahlreichen Abiturprüfungen gewonnene Erfahrungen haben zur Herausgabe dieses Buches geführt. Texterfassung und -darstellung, Wortschatzerweiterung, Regeln der Stillehre, Erzählstil, idiomatische Redewendungen, Homophone, unregelmäßige Verben, Comment u.v.a.
Musterbeispiele als Vorlagen für Lernende.

John A. S. Phillips
Englisch für Frustrierte

Ratgeber für Muß-Studenten und Schüler der englischen Sprache

2. Auflage – 116 Seiten – Illustriert

Bestell-Nr. 0478-2

Dieses Buch ist für Leute geschrieben, denen vielleicht doch noch zu helfen ist, ihre verlorengegangene Freude an der englischen Sprache zurückzugewinnen. John A. S. Phillips, Lektor für Englisch an der Universität Bayreuth, Verfasser mehrerer humorvoller und skurriler Bücher, hat kein Lehrbuch im üblichen Sinne geschrieben. Es ist aber auch kein Amüsierbuch allein; dazu ist es dem Verfasser mit den Menschen, die seine Sprache lernen wollen, viel zu ernst.
Der Leser lernt viel, ohne belehrt zu werden. Was er bietet, will und kann kein systematisches Lehrbuch ersetzen, wohl aber „background" schaffen, bei Kennern der Sprache manches Tüpfelchen auf das „i" setzen und, wie erwähnt (– so auch der Titel –), Frustrierte wieder mobilisieren.
Enjoy it ...

Französisch

Klaus Bahners
Französischunterricht in der Sekundarstufe II

(Kollegstufe)

Texte - Analysen - Methoden

104 Seiten

Bestell-Nr. 0565-7

Dieses Buch wendet sich an alle, die jetzt oder künftig auf der neugestalteten Oberstufe (Sekundarstufe II) Französischunterricht erteilen; vor allem an jüngere Kollegen und Referendare, aber auch an Studenten, die sich auf den Übergang vom wissenschaftlichen Studium zur pädagogischen Umsetzung vorbereiten wollen.

Paul Kämpchen
Französische Texte zur Vorbereitung auf die Reifeprüfung

80 Seiten

Bestell-Nr. 0522-3

Übungen für Grammatik, des Stils und eine der Prüfungsarten - die Nacherzählung - sollen hier dem Anwärter zur Prüfung nahegebracht werden. Kurze und lange Nacherzählungstexte mit Worterklärungen stehen hier als Übungstexte zur Verfügung.
Der Schüler oder Student kann anhand dieser Kurzgeschichten seine sprachliche Beweglichkeit unter Beweis stellen. Kleine und leichte Stücke, die sich nur für Anfänger und wenig Fortgeschrittene eignen, wurden weggelassen.

Alfred Möslein/
Monique Sickermann-Bernard
Textes d'étude

64 Seiten

Bestell-Nr. 0523-1

25 erzählende Texte aus der neueren französischen Literatur als Vorlagen für Nacherzählungen und Textaufgaben.
Durch unterschiedliche Längen und Schwierigkeitsgrade, sowie durch breitgefächerte Thematik eignen sich diese Texte als Lektüre und Ausgangspunkt für Diskussionen im Unterricht. In den "Suggestions" findet man einige Anregungen für Übungen, die sich an die reine Textbehandlung anschließen können. Die Worterklärungen sollen das Verständnis der Texte erleichtern.

Werner Reinhard
Französische Diktatstoffe
Unter- und Mittelstufe
1./2. Unterrichtsjahr, sowie 3./4. Unterrichtsjahr

5. Auflage - 96 Seiten

Bestell-Nr. 0532-0

Die nach dem Schwierigkeitsgrad geordneten Texte sind überwiegend Erzählungen und Berichte von Begebenheiten des täglichen Lebens, wobei unbekannte Vokabeln beigegeben sind. Mit den Texten lernt der Schüler die gehobene Umgangssprache, d.h. Vokabular und Wendungen, die er später für eigene Textproduktionen verwenden kann. Den Texten vorangestellt sind Bemerkungen zur Rechtschreibung, die nützliche Rechtschreibregeln enthalten.

Werner Reinhard
Übungstexte zur
französischen Grammatik
9. - 13. Klasse

3. Auflage - 128 Seiten

Bestell-Nr. 0543-6

"Übungstexte zur französischen Grammatik" wendet sich an Lernende, die bereits einige grammatische Kenntnisse haben, sie jedoch festigen und vertiefen wollen. Es eignet sich aufgrund umfangreicher Vokabelangaben, sowie des ausführlichen Lösungsteils, zum Selbststudium und vermag bei Schülern ab Klasse 9 Nachhilfeunterricht zu ersetzen.

Die textbezogenen Aufgaben berücksichtigen insgesamt die wichtigsten grammatischen Gebiete, ein Register ermöglicht auch systematisches Vorgehen.

Christine und Gert Sautermeister
Der sichere Weg zur guten
französischen Nacherzählung
-Zur Methodik des Hörens und Schreibens im Französischunterricht-

118 Seiten

Bestell-Nr. 0534-7

Der erste Teil des Buches will auf die Bedingungen richtigen Hörens aufmerksam machen und Wege zum besseren Hören skizzieren. Der zweite Teil gibt Anregungen, die Grundrisse des Textes, der Gelenkstellen, Höhepunkte, Pointen nochmals zu vergegenwärtigen. Spezifische Formulierungsprobleme der Nacherzählung entfaltet der dritte Teil.

Werner Reinhard
Kurze moderne Übungstexte
zur französischen Präposition
120 Seiten

Bestell-Nr. 0568-1

In einem lexikalischen Teil gibt das Übungsbuch zunächst einen Überblick über die Anwendung der wichtigsten Präpositionen. Auch die Präposition als Bindeglied zwischen Verb und Objekt bzw. Infinitiv (vor allem à und de) wird berücksichtigt. Listen erleichtern dabei systematisches Lernen.

Im anschließenden Übungsteil kann der Benutzer seine Kenntnisse überprüfen. Vorherrschende Methode ist die Einsatzübung. Mit dem Lösungsteil eignet sich das Buch gut zum Selbststudium. Einsetzbar für den Unterricht in den Sekundarstufen.

Geschichte

NEU!
Peter Beyersdorf
Geschichts-Gerüst
von den Anfängen bis zur Gegenwart

4 Teile in einem Band

228 Seiten

Bestell-Nr. 0551-7

Der Primaner, der das „Skelett" dieses „Gerüstes" beherrscht, sollte allen Prüfungsanforderungen gewachsen sein!

Das vorliegende Werk will kein Ersatz für bereits bewährte Bücher ähnlicher Art sein, sondern einem **Auswahlprinzip** huldigen, das **speziell auf Gymnasien,** kurz **alle weiterführenden Schulen zugeschnitten** ist. Daher erklärt sich die drucktechnische Hervorhebung des besonders Wesentlichen (Fettdruck).
Teil I: Von der Antike bis zum Beginn der Völkerwanderung (ca. 3000 v. Chr. bis 375 n. Chr.)
Teil II: Von der Völkerwanderung bis zum Ende des Mittelalters (375 – 1268)
Teil III: Vom Übergang zur Neuzeit bis zum Ende des 1. Weltkrieges (1268 – 1918)
Teil IV: Vom Beginn der Weimarer Republik bis zur Gegenwart (1918 – 1993)

Mathematik

Bernd Hofmann
Algebra 1
Mathematikhilfe für die 7./8. Jahrgangsstufe weiterführender Schulen

216 Seiten

Bestell-Nr. 0580-0

Friedrich Nikol
Lothar Deutschmann
Algebra 2
Übungs- und Wiederholungsbuch für die 9. und 10. Jahrgangsstufe

168 Seiten - Viele Abbildungen

Bestell-Nr. 0645-9

Lothar Deutschmann
Mathematik
Wegweiser zur Abschlußprüfung
Mathematik I, II und III an Realschulen

Anhang: Reifeprüfungsaufgaben mit Lösungen 1980/1981/1982/1983

168 Seiten + 121 Abb.

Bestell-Nr. 0644-0

Ein erfahrener Pädagoge erteilt Nachhilfeunterricht in Mathematik.

In anschaulicher Weise werden den Benutzern Aufgaben aus der Mathematik an Realschulen vorgeführt, erklärt und mit Lösungsweg und Lösungen beschrieben.

Georg Ulrich/Paul Hofmann
Geometrie zum Selbstunterricht
Ein vollständiger Lehrgang der Geometrie zum Selbstunterricht und zur Wiederholung und Nachhilfe. Von der elementaren Geometrie über die Differential- und Integralrechnung bis zur Integralgleichung bieten die Bände den gesamten Stoff der Oberschulen bis zur Sekundarstufe II.
Übungsaufgaben mit Lösungen erleichtern die Verfolgung des Rechenweges und deren Einprägung und Verstehen.

1. Teil:
Planimetrie
172 Seiten
Bestell-Nr. 0576-2

2. Teil:
Trigonometrie
136 Seiten
Bestell-Nr. 0540-1

3. Teil:
Stereometrie
148 Seiten
Bestell-Nr. 0577-0

Philosophie
Robert Hippe
Philosophie-Gerüst
Teil 1 -96 Seiten
Bestell-Nr. 560-6
Der erste Band des Philosophie-Gerüsts will an die Geschichte der abendländischen Philosophie heranführen, dem Leser einen Überblick über die Jahrhunderte philosophischen Denkens geben.
Aus dem Inhalt: Was ist Philosophie? Die griechische Philosophie - Die hellenistisch-römische Philosophie - Die Philosophie des Christentums - Die Philosophie des Mittelalters, im Zeitalter der Renaissance und des Barock - Die Philosophie von der Aufklärung bis zu Hegel - Die Philosophie der Gegenwart.
Anhang - Bibliographie u.a.

Teil 2 - 80 Seiten
Bestell-Nr. 561-4
Im zweiten Band werden die Disziplinen der reinen und angewandten Philosophie behandelt und dem Benutzer ein Überblick über den gewaltigen Umfang des Bereichs der Philosophie gegeben.
Aus dem Inhalt: **Die Disziplinen der reinen Philosophie:** Logik und Dialektik - Psychologie - Erkenntnistheorie - Ontologie und Metaphysik - Ethik - Ästhetik.
Die Disziplinen der angewandten Philosophie: Naturphilosophie und Philosophie der Mathematik - Geschichtsphilosophie - Rechts- und Religionsphilosophie - Philosophische Anthropologie und Existenzphilosophie - Sprachphilosophie.
Philosophie und Weltanschauung
Bibliographischer Anhang u.a.

NEU!
Edgar Neis
Klassische Dramen und Erzählungen aus heutiger Sicht
Eine Herausforderung an die heutige Zeit
116 Seiten - Format DIN A 5 - Kart. ca. **DM 18,–**

Bestell-Nr. 0969-3

Nicht Einverleibung in die Gegenwart, sondern Bewußtmachen des Gegenwärtigen in den Werken der Klassik ist das Ziel dieses neuen Werkes von Edgar Neis.

Aus dem Inhalt:
- Verdeutlichung der gesellschaftlichen und geschichtlichen Bedingtheit der klassischen Werke.
- sachliche Darstellung der jeweiligen Epoche
- Betrachtung der Bedingungen und Umstände der Entstehung
- Einordnung in den Lebenslauf des Dichters

Folgende Werke werden ausführlich behandelt:
- Goethe, Faust II / Torquato Tasso / Die Leiden des jungen Werther
- Kleist, Michael Kohlhaas / Der zerborchene Krug / Prinz Friedrich von Homburg
- Lessing, Nathan der Weise
- Schiller, Die Räuber / Wilhelm Tell / Der Verbrecher aus verlorener Ehre

Latein

**Bestell-
nummern**

Latein-Gerüst
von Prof. Dr. o. Woyte

Der gesamte Stoff bis zur Sekundarstufe II (Kollegstufe) in übersichtlicher Anordnung und leichtverständlicher Darstellung mit Übungstexten, Übungsaufgaben und Schlüssel.
Der Autor hat aus seiner Praxis als Oberstudiendirektor die Schwierigkeiten der lateinischen Sprache für den häuslichen Übungsbereich aufbereitet und leicht faßbar erläutert. Lernanweisungen sollen das Einprägen erleichtern.
Die vier Bände ersparen den Lernenden die Nachhilfestunden und bieten ein unentbehrliches Übungs- und Nachschlagewerk bis zur Reifeprüfung.

0552-5	Teil 1	**Formenlehre**
0553-3	Teil 2	**Übungsaufgaben und Schlüssel zur Formenlehre**
0554-1	Teil 3	**Satzlehre**
0555-x	Teil 4	**Übungsaufgaben und Schlüssel zur Satzlehre**

0500-2   **Die Stammformen und Bedeutungen der lateinischen unregelmäßigen Verben**
von Reinhold Anton 5. Auflage

Eine Anleitung für die Konjugation von 1600 einfachen und zusammengesetzten unregelmäßigen Verben unter Ausschluß der etwa 1000 regelmäßigen Verben der a- und i-Konjugation in alphabetischer Reihenfolge.
Wer dieses Buch benutzt, macht keinen Konjugationsfehler mehr!

Latein 1
von Dr. Friedrich Nikol
Übungen mit Lösungen für das erste Lateinjahr in zwei Bänden.

0634-3
0635-1   **Band 1/ Erstes Halbjahr** mit Lösungsteil
Band 2/ Zweites Halbjahr mit Lösungsteil
In beiden Bänden wird der gesamte Stoff des ersten Lateinjahres behandelt!

0638-6

Latein 2
Zweites Lateinjahr mit Lösungen
Der lateinische Wortschatz ist in den Büchern genau angegeben und den versch. lateinischen Unterrichtswerken angepaßt, die in den einzelnen Bundesländern zugelassen und eingefürt sind.
Bei gründlicher häuslicher Nachhilfe mit den Büchern, wird der Übende immer mehr Freude an Latein bekommen, und bald wird sich auch der Erfolg bei den Leistungen in der Schule zeigen!

Bitte geben Sie bei Ihren Bestellungen immer die Bestellnummer an!!

Suchen Sie wortgetreue Übersetzungen und Präpositionen zu Ihren Schullektüren römischer und griechischer Klassiker?
Sie finden in der kleinen Übersetzungsbibliothek in 500 Bänden im Kleinformat folgende wörtliche deutsche Übersetzungen:
Einfachband DM 2,50   Doppelband DM 5,00

Arrian,	Anabis
Caesar,	Bürgerkrieg. Buch I,II,III
Caesar,	Gallischer Krieg. Buch I-VIII
Catull,	Lieder (Auswahl)
Cicero,	Briefe
Cicero,	Archias
Cicero,	Brutus (de claris oratoribus)
Cicero,	Die drei Bücher von den Pflichten
Cicero,	Cato der Ältere (de senectute)
Cicero,	Divinatio in Caecilium
Cicero,	Lälius (de amicitia)
Cicero,	Pro lege Manila
	(de imperio Cn. Pompei)
Cicero,	Pro Milone
Cicero,	Reden gegen Catilina (1.-4. Rede)
Cicero,	Rede für Dejotarius
Cicero,	Rede für Qu. Ligarius
Cicero,	Rede für Marcellus
Cicero,	Rede für Murena
Cicero,	Rede für Cn. Plancius
Cicero,	Rede für Sestius
Cicero,	Rede für P. Sulla
Cicero,	Reden gegen Verres (Buch IV-V)
Cicero,	Vom Redner (de oratore)Buch 1-3
Cicero,	Pro Roscio Amerino
Cicero,	Vom Staate (de re publica).
	Buch I, II, VI
Cicero,	Tusculanen
Cicero,	Üb. das Wesen der Götter.
	Buch I, II, III
Curtius Rufus,	Nachrichten über Alexander
	den Großen
Demosthenes,	Rede üb. d. Chersones
Demosthenes,	Rede v. Kranze (Krone)
Demosthenes,	Phillipische Reden
Euripides,	Iphigenie unter d. Tauriern
Euripides,	Medea
Herodot,	Historien. Buch I-IX
Homer,	Illias. Buch I-XXIV
Homer,	Odyssee. Buch I-XXIV
Horaz,	Von der Dichtkunst (ars poetica)
Horaz,	Epoden
Horaz,	Oden (carmina)
Horaz,	Satiren (sermones)
Livius,	Römische Geschichte. Buch I-X.
	Buch XXI-XL
Lycurk,	Rede gegen Leocrates
Lysias,	Rede gegen Agorath
Lysias,	Erathosthenes
Lysias,	Rede g. Diogeition/
	Getreideverkäufer/
	Ölbaumstumpf

Lysias,	Rede für Mantitheos/Bresthaften
Lysias,	Rede üb d. Vermögen d. Aristo-
	phanes/geg. Theomnestos/geg.
	Pankleon
Nepos,	Cornelius:Feldherren. Buch I-IV
Ovid,	Fasten. Buch I-V
Ovid,	Tristien. Buch I-V
Ovid,	Metamorphosen. Buch I-XV
Phädrus,	Äsopische Fabeln. Buch I-V
Plato,	Apologie d. Sokrates
Plato,	Eutyphron
Plato,	Gastmahl
Plato,	Gorgias
Plato,	Kriton
Plato,	Laches
Plato,	Phädon
Plato,	Phädrus
Plato,	Protagoras
Plato,	Der Staat (politeia). Buch I-X
Plautus,	Die Gefangenen. Buch I u. II
Plutarch,	Aristides
Plutarch,	Perikles
Plutarch,	Themistokles
Properz,	Ausgew. Elegien
Sallust,	2 Briefe an Caesar
Sallust,	Bellum Jugurthinum
Sallust,	Verschwörung des Catalina
Sophokles,	Ajax
Sophokles,	Antigone
Sophokles,	Elektra
Sophokles,	König Oedipus
Sophokles,	Oedipus auf Kolonos
Sophokles,	Philoktetes
Sophokles,	Trachinierinnen
Tacitus,	Annalen (ab excessu divi...)
Tacitus,	Germania
Tacitus,	Historien. Buch I-V
Tacitius,	Agricola
Thukydides,	Peloponnesischer
	Krieg
Vergil,	Aeneis. Buch I-XII
Vergil,	Idyllen
Xenophon,	Anabasis. Buch I-VII
Xenophon,	Cyropädie. Buch I-VIII
Xenophon,	Hellenika. Buch I-VII
Xenophon,	Memorab. Buch I-IV

Bitte beachten Sie, daß die Übersetzungen teilweise aus mehreren Bänden bestehen können!

Bitte bei Bestellungen genau Kapitel oder Bücher angeben. Fordern Sie das ausführliche Verzeichnis der "Kleinen Übersetzungsbibliothek" an!!
C. BANGE VERLAG - MARIENPLATZ 12 - 8607 HOLLFELD - TEL.: 09274 / 372 -
Fax: 09274/ 80 230

Physik

Robert Gehr
Einführung in die Atomphysik

Vorbereitungshilfen für das Physik-Abitur an mathematisch-naturwissenschaftlichen Gymnasien.

152 Seiten,

Bestell-Nr. 0511-8

Inhalt: Das Atommodell der kinetischen Gastheorie - Die atomistische Struktur der Elektrizität - Energiequanten und Korpuskeln - Atommodelle - Kernphysik - Nachweismethoden für Strahlungen.
Das Ziel des Buches ist, den Physik-Stoff der Abschlußklassen im Hinblick auf die Reifeprüfung umfassend und gründlich darzustellen, andererseits aber auch - gemäß dem Bildungsauftrag einer höheren Schule - in das (physikalische) Weltbild der Gegenwart einzuführen.

Thomas Neubert
Physikalische Miniformelsammlung

8. - 10 Klasse

32 Seiten

Bestell-Nr. 0683-1

Für den Schulunterricht und für häusliches Arbeiten ein wichtiges Hilfsmittel - echte Lernhilfe!

Johannes Lorenz/Lothar Deutschmann
Physik-Gerüst

-Sekundarstufe 1-

8. überarbeitete Auflage
240 Seiten

Bestell-Nr. 0617-3

Die Grundlagen der Physik in übersichtlicher und leicht faßlicher Darstellung.

Inhalt: Meßkunde - Allgemeine Eigenschaften der Körper - Mechanik fester Körper - Mechanik der Flüssigkeiten - Mechanik der Gase - Lehre vom Schall - Wärmelehre - Magnetismus - Elektrizität - Geometrische Optik - Wellenoptik u.a.

Thomas Neubert
Physik 11. Klasse

Nachhilfebuch mit Lösungen
104 Seiten

Bestell-Nr. 0684-X

Dieses Buch basiert auf den neuesten Lehrplänen **Physik 11. Klasse** der Bundesländer.
Jeder behandelte Abschnitt ist in einen Grundlagenteil und einen Aufgabenteil mit vollständigen Lösungen aufgeteilt.
Dieser Band knüpft lückenlos an dem im **Physik-Gerüst Sekundarstufe I** behandelten Stoff an.

Friedrich Nikol
Physik I

Fragen mit Antworten aus dem Lehrstoff der Sekundarstufe I mit Prüfungsfragen und Lösungen.

100 Seiten

Bestell.-Nr. 0639-4

Dieses Buch soll eine Lücke füllen auf dem Gebiet der Physikvorbereitung. Häufig auftauchende Fragen aus Mechanik, Wärmelehre, Optik, Magnetismus, Elektrizität im Physikunterricht werden leicht verständlich beantwortet.
Ein Band zur Vorbereitung auf Abschlußprüfungen!

Adolf Busch
Glückwunschbuch

15. Auflage
104 Seiten - Illustriert

Bestell-Nr. 0510-X

Glückwunschgedichte für alle Gelegenheiten nebst einem Anhang: Gedenk- und Glückwunschgedichte deutscher Dichter.
Geburtstags-, Namenstagswünsche - Weihnachtswünsche - Neujahrswünsche - Hochzeitswünsche - Gästebuch- und Poesie-Album - Verse - Zum Richtfest - Gedenk- und Glückwunschgedichte deutscher Dichter.

Helmut A. Köhler
Verse und Aphorismen für das Gästebuch

104 Seiten, 12 Illustrationen

Bestell-Nr. 0630-0

Inhalt: Vorwort: Gäste, Bücher, Gästebücher ...
Verse und Aphorismen:
I. Von der Kunst, mit vielen Worten nichts in ein Gästebuch einzutragen.
II. Zum Einzug ins eigene Haus oder in die neue Wohnung.
III. Was man in die Gästebücher von Stammlokalen schreibt.
IV. Aus dem Repertoire eines Partybesuchers.
V. Individuelles für das Gästebuch:
Zu Gast bei ...
VI. Und was man sonst noch in das Gästebuch schreiben kann ...

C. Bange Verlag · D-8607 Hollfeld/Ofr.
☎ 0 92 74 - 3 72 – FAX 0 92 74 - 8 02 30